VINCENZO IAVAZZO

SMS MARKETING

Come Guadagnare e Fare Pubblicità con SMS, MMS e Bluetooth

Titolo
"SMS MARKETING"

Autore
Vincenzo Iavazzo

Editore
Bruno Editore

Sito internet
www.brunoeditore.it

Sommario

ATTENZIONE

Questa guida fornisce tecniche e strategie per investire e guadagnare attraverso SMS pubblicitari. Però niente e nessuno può fornire indicazioni su investimenti sicuri al 100 per cento.

Nessuno può garantire i risultati ottenuti dall'autore, poiché essi rappresentano anni di studio e di applicazioni.

Pertanto sia l'Autore che l'Editore non si assumono responsabilità sulle scelte economiche effettuate dal lettore, investendo sui servizi e sui prodotti illustrati in questa guida.

Introduzione

Carissimo amico, ti ringrazio di aver scelto questa guida elettronica per la tua crescita professionale e finanziaria: sono sicuro che ne resterai profondamente soddisfatto. Le strategie, le tecniche e i consigli illustrati in questo ebook ti consentiranno di avviare con successo una campagna pubblicitaria vincente e una cospicua rendita online, basata su una forma pubblicitaria innovativa, definita: **SMS marketing**.

Se hai avuto modo di seguire i miei precedenti ebook, saprai già che mi sono sempre occupato di forme pubblicitarie alternative: tramite Emule, pubblicità giornalistica e video marketing. Sono tutte forme pubblicitarie molto innovative, se utilizzate nell'ambito di internet e nel commercio elettronico e che consentono ottimi risultati, con una concorrenza minima.

Ma cos'è l'SMS marketing? Si tratta di una nuova strategia di marketing basata su SMS testuali e MMS pubblicitari, destinati a una clientela targhettizzata al massimo, secondo diversi criteri: età, città, sesso. È fondamentale ricordare, e in seguito lo ribadirò ancora, che i messaggi vanno inviati solo a utenti che abbiamo previamente prestato il proprio consenso a riceverli: altrimenti si incorre nel reato di spam.

Negli ultimi anni questa nuova strategia, cui è stato, appunto, attribuito il nome specifico di "SMS marketing", ha avuto una notevole crescita. Esistono davvero tante aziende che offrono campagne pubblicitarie basate su SMS testuali e ti assicuro che non basta sceglierne una a caso. Come in ogni settore, esistono aziende più affidabili e altre meno. Parecchie non forniscono un servizio di ottima qualità: gli SMS arrivano in ritardo, oppure non giungono affatto al destinatario, non offrono la scelta del target a cui inviare gli SMS, oppure non ne tengono conto a causa del loro scarno database.

Inoltre, il "testo" del messaggio o la creazione di un MMS, che costituirà la vera e propria campagna pubblicitaria, difficilmente è a cura del fornitore e, se non conosci le strategie di marketing vincenti, rischi di investire in una campagna pubblicitaria perdente sin dall'inizio! Grazie a questo ebook partirai con il piede giusto. In queste pagine, infatti, ho riportato tutta la mia esperienza in questo business. Ho selezionato per te i migliori fornitori di SMS pubblicitari e individuato le strategie per scrivere i messaggi di testo pubblicitari che "vendono". Inoltre scoprirai come creare velocemente e in modo semplicissimo gli MMS, utili per realizzare una campagna pubblicitaria "grafica" ad alto impatto.

Potrai scegliere tra due vie o addirittura prenderle entrambe: avviare questa favolosa strategia di marketing per pubblicizzare o incrementare le vendite della tua attività o, se non ne hai una, integrare queste tecniche pubblicitarie ai programmi di affiliazione: i sistemi più rapidi per guadagnare soldi con internet. Infine scoprirai i segreti del bluetooth marketing, detto anche "marketing di prossimità", per diffondere il tuo "messaggio pubblicitario" a migliaia di persone senza per questo spendere un euro.

La presente guida è strutturata in otto capitoli, che ti consiglio di leggere e mettere in pratica giorno per giorno. Ogni capitolo costituirà un passo in avanti verso la realizzazione della tua campagna di SMS marketing. Per ognuno di essi scoprirai i software, i casi di studio, i prodotti, i portali, i sistemi, le strategie, i segreti e le tecniche migliori per realizzare con successo questa rendita economica.

Attraverso le tecniche segrete di questa guida e seguendo i tre pilastri fondamentali dettati da Giacomo Bruno per raggiungere gli obiettivi, vale a dire “impegno”, “determinazione” e “strategie giuste”, riuscirai a diventare un grande esperto in questo business di rilievo, costruendoti una cospicua rendita economica extra.

Buon lavoro!

Vincenzo Iavazzo

GIORNO 1:
I vantaggi dell'SMS marketing

Giovedì 3 dicembre 1992. In questa data venne inviato il primo SMS della storia, che non partì da un cellulare, ma da un computer verso un telefonino. L'anno successivo fu inviato il primo messaggio da un cellulare a un altro. Questa data "storica" segnò la nascita di un nuovo sistema di comunicazione: l'**SMS**, acronimo di "short message service", traducibile in italiano come "servizio di messaggio breve".

Nelle righe seguenti vedrai illustrato, attraverso le "cifre", il successo di questa innovativa forma di comunicazione: «L'uso dei messaggi SMS si è diffuso molto velocemente in tutto il mondo. A metà del 2004, il volume di traffico annuo in tutto il mondo era di circa 500 miliardi di SMS; la crescita del fenomeno è impressionante, se si pensa che nel 2000 i messaggi erano stati circa 17 miliardi. Nel 2008, invece, sono stati inviati la bellezza di 2,5 triliardi (ogni triliardo corrisponde a 1000 miliardi) di SMS.

La maggior diffusione dell'uso del servizio si riscontra tra i giovani, in particolare nelle aree urbane. Gli SMS sono più popolari in Asia, Europa e Australia rispetto agli Stati Uniti. Il business degli SMS cresce ogni anno di più ed è un vero affare per le aziende che, da anni, non abbassano i prezzi.»

Fonte: Wikipedia

Come vedi, i dati parlano chiaro e sono davvero impressionanti. Si parla addirittura di "triliardi" di SMS inviati. Come ben saprai, il servizio base prevede l'invio di un messaggio di testo di 160 caratteri, ma, grazie all'enorme successo, il servizio di SMS ha subito profonde modificazioni. La prima è stata quella relativa alla possibilità di inviare SMS "concatenati", cioè messaggi di lunghezza superiore ai 160 caratteri. Poi sono nati i "servizi supplementari" gestiti tramite SMS: oroscopo, meteo, sport ecc. servizi che, spesso, sono forniti a pagamento, e che consentono un enorme margine di profitto al fornitore.

Un'altra evoluzione del servizio di SMS è sicuramente quella relativa all'MMS, acronimo di "multimedia messaging service". Quest'altra forma di comunicazione è analoga all'SMS ma consente di includere nel messaggio, oltre al semplice testo, anche immagini, video e suoni. Fino a oggi, con ogni probabilità, avrai sicuramente utilizzato l'SMS come cliente: per comunicare con altre persone oppure per accedere a servizi interattivi. In realtà l'SMS rappresenta un grande business per alcune aziende. Non sto parlando solo delle compagnie telefoniche che ne offrono il servizio, come Tim, Vodafone, Wind, 3, ma di tante altre aziende. Ad esempio quelle che vendono loghi e suonerie. Un servizio, questo, molto pubblicizzato in tv.

Poi esistono siti web che offrono la possibilità di inviare da internet messaggi gratuiti o a pagamento, altri che pubblicano frasi per SMS per ogni occasione, con cui guadagnano parecchio in termini di pubblicità. Infine esiste il business in oggetto, denominato **SMS marketing**. Come ti spiegavo in precedenza, l'SMS marketing è una strategia pubblicitaria basata sull'invio di messaggi di testo, destinati a una potenziale clientela, definita da un determinato target.

Negli ultimi anni, parecchie persone si sono arricchite grazie a questo business. Da un lato, esistono aziende che guadagnano offrendo questo servizio e dall'altro ci sono i clienti che incrementano i propri guadagni con questa straordinaria pubblicità. Facendo una ricerca su Google, puoi scoprire che i dati parlano chiaro. Esistono 14.400.000 siti web che trattano l'SMS marketing.

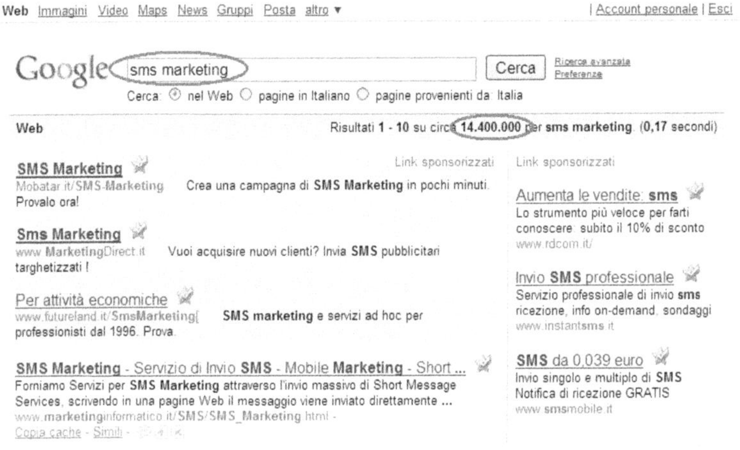

Vi è pure una certa concorrenza sulla parola chiave "SMS marketing". Come puoi vedere dalla foto successiva, il volume di ricerca mensile di "SMS marketing" è pari a 33.100 e il costo per click di questa singola keyword arriva fino a 1,26 euro. Ti assicuro che se il business non fosse così proficuo non si raggiungerebbero prezzi così alti.

Parole chiave	Posizione annuncio stimata	CPC medio stimato	Concorrenza tra inserzionisti	Volume di ricerca locale: agosto	Volume di ricerca mensile globale
Parole chiave correlate ai termini inseriti - ordinate per pertinenza					
mms marketing	1 - 3	€1,11		Dati insufficienti	1.300
sms marketing	1 - 3	€1,26		880	33.100
sms marketing software	1 - 3	€0,05		Dati insufficienti	880
sms text marketing	1 - 3	€1,60		Dati insufficienti	720
direct marketing sms	1 - 3	€1,19		12	320
sms marketing campaign	1 - 3	€1,68		Dati insufficienti	320
marketing via sms	1 - 3	€0,05		Dati insufficienti	110

Altri dati che parlano chiaro riguardano i numerosi clienti titolari di un'utenza mobile. Praticamente oggi tutti possiedono un cellulare; esclusi i bambini, ma credo non ancora per molto. Anzi, si contano molti più cellulari che abitanti. Infatti in Italia esistono 122 telefoni ogni 100 abitanti (fonte Key4biz.it).

Considera che in Italia vi sono 60 milioni di abitanti ed ecco che la tua potenziale clientela è tutta la nazione! Non a caso l'SMS marketing è uno strumento pubblicitario utilizzato anche da grandissime aziende, tra cui Media World, eBay, Computer

Discount, Leroy Merlin, Coca-Cola ecc.

SEGRETO n. 1: l'SMS marketing è una strategia pubblicitaria basata su messaggi di testo destinati a un vastissimo target.

Dopo questa breve formazione di base, vediamo un po' i vantaggi di questa nuova forma pubblicitaria rispetto a quelle tradizionali. Innanzitutto vi è un discorso legato alla **bassa concorrenza** rispetto alle tecniche di web marketing tradizionali: pay per click, SEO ecc. Anche se non sembra, i costi dell'SMS marketing sono molto più ragionevoli rispetto al diffusissimo "pay per click".

Il metodo pay per click consiste nel pubblicizzare il prodotto da vendere su un motore di ricerca, ad esempio Google, con un annuncio sponsorizzato, nel quale avrai inserito, dopo un'accurata selezione, le keyword più rilevanti rispetto alla tua offerta di prodotti e/o servizi, ad esempio: tv, televisori, monitor ecc. Dopodiché, ogniqualvolta viene cliccato il tuo annuncio, paghi un costo prestabilito.

Purtroppo non si realizza una vendita con un solo click: ce ne vogliono tanti, e a causa dell'elevata concorrenza i costi della pubblicità possono superare il guadagno. L'SMS marketing, invece, è una strategia molto innovativa e non è ancora alla portata di tutti. Quindi hai un vasto "terreno libero" con poca concorrenza e questo è il momento giusto per approfittarne.

SEGRETO n. 2: l'SMS marketing è una strategia pubblicitaria innovativa a bassa concorrenza.

La forma pubblicitaria dell'SMS marketing si avvicina molto all'email marketing. Quest'ultima è analoga alla prima, con la differenza che il "mezzo pubblicitario" non è un SMS bensì una email. Non c'è dubbio che il discorso economico vada a favore dell'email marketing, ma l'SMS, rispetto a una email, presenta innanzitutto un maggiore impatto. Questo discorso sarà illustrato in modo più chiaro nelle prossime pagine. Inoltre un SMS, a differenza di una email, deve essere letto prima di essere cancellato, come invece avviene molto frequentemente con le email.

Un altro vantaggio dell'SMS marketing rispetto alla pubblicità sul web riguarda **l'affidabilità**. Oggi come oggi, chiunque può promuovere un prodotto su internet. Avviare una campagna di pubblicità con annunci a pagamento, ovvero il pay per click, è un'operazione che chiunque può eseguire in cinque minuti. E, purtroppo, questo che sembra essere un vantaggio, rende, in realtà, assai più semplice realizzare truffe informatiche e porta alla vendita di prodotti di bassa qualità.

A fronte di ciò, giustamente, l'utente tende a tentennare sull'affidabilità del sistema. Inoltre in Italia si è tuttora un po' diffidenti in relazione agli acquisti online: ci sono ancora molte persone che preferiscono fare acquisti nel negozio sotto casa. Questo non esclude la possibilità di truffe realizzate grazie all'SMS marketing né garantisce una vendita certa ma, in ogni caso, questa strategia di regola viene preferita. I potenziali clienti, infatti la ritengono più affidabile.

Forse perché presenta costi più elevati o perché la realizzazione di una campagna con l'SMS marketing si rivela, di norma, più complicata e lunga. Sta di fatto che tutti questi fattori danno un’enorme sicurezza al potenziale cliente.

SEGRETO n. 3: l’SMS marketing trasmette maggiore affidabilità e sicurezza rispetto alle forme pubblicitarie tradizionali.

Un ultimo e importantissimo vantaggio dell’SMS marketing è relativo all’**impatto con il cliente**. Anche tu, come tantissime altre persone, sarai spesso “incappato” in quel meccanismo automatico che ti fa evitare la pubblicità. Sto parlando dei casi in cui guardi la televisione e cambi canale durante la pubblicità, oppure cancelli le email pubblicitarie senza neanche leggerle. Questo accade a causa dell’eccessiva quantità di pubblicità cui siamo sottoposti e che ci porta, in via automatica, ad azionare gesti di “rifiuto” come, appunto, cambiare canale o cancellare email.

È molto difficile che ciò accada con gli SMS. Infatti, a meno che non abbia scelto tu stesso di attivare un servizio di messaggistica automatica, relativo alla cronaca piuttosto che al meteo o all’oroscopo, sono molto rari i messaggi di servizio o pubblicitari.

SEGRETO n. 4: l'SMS marketing offre un forte impatto al cliente grazie alla sua forza innovativa.

Penso di averti fornito ottime ragioni per avviare questa nuova rendita economica o per potenziare il tuo attuale business con l'SMS marketing. Quindi, dopo aver letto questo capitolo descrittivo, puoi passare alla pratica.

RIEPILOGO DEL GIORNO 1:

- SEGRETO n. 1: l'SMS marketing è una strategia pubblicitaria basata su messaggi di testo destinati a un vastissimo target.
- SEGRETO n. 2: l'SMS marketing è una strategia pubblicitaria innovativa a bassa concorrenza.
- SEGRETO n. 3: l'SMS marketing trasmette maggiore affidabilità e sicurezza rispetto alle forme pubblicitarie tradizionali.
- SEGRETO n. 4: l'SMS marketing offre un forte impatto al cliente grazie alla sua forza innovativa.

GIORNO 2:
I migliori fornitori di SMS pubblicitari

Realizzare una campagna di marketing tramite SMS equivale a costruire un palazzo. Innanzitutto si realizzano le fondamenta, che ne sono anche la base. Se non sono fatte a regola d'arte si compromette la stabilità dell'intero edificio. In questo caso, le fondamenta sono rappresentate dai fornitori di SMS pubblicitari.

Come hai visto nelle prime pagine di questo ebook, facendo una ricerca su Google e digitando, in particolare, la parola chiave "SMS marketing", trovi oltre 14 milioni di pagine web che trattano questo argomento e migliaia di esse pubblicizzano i fornitori di questo servizio.

Sempre all'inizio di questo ebook ti spiegavo che non basta scegliere un'azienda a caso. Come in ogni settore, ci sono aziende affidabili, altre meno affidabili e altre ancora per nulla serie! Ma non preoccuparti: dopo una lunga selezione basata su campagne di marketing di prova, ho selezionato per te le migliori aziende fornitrici di SMS marketing, vale a dire quelle che offrono un servizio di alta qualità.

Nelle prossime pagine ti indicherò quali sono i migliori fornitori di questo servizio e li conoscerai. Ma prima voglio illustrarti le caratteristiche che deve avere un'azienda fornitrice di SMS marketing perché possa definirsi "di alta qualità". I principali fattori da prendere in considerazione sono quattro:

1. il target;
2. il database utenti;
3. i clienti acquisiti;
4. il prezzo.

Il **target** è un parametro fondamentale nell'ambito del marketing. Questo termine, che tradotto in italiano significa "bersaglio", indica appunto il complesso delle persone che possono essere interessate al tuo prodotto o al tuo servizio. Pertanto sarà necessario che la tua campagna pubblicitaria sia indirizzata a utenti già propensi all'idea di acquistare.

Ad esempio, se vuoi pubblicizzare la tua concessionaria d'auto sita a Palermo, il tuo target ottimale sarà quello della Sicilia. È inutile pubblicizzarla anche a utenti di Torino: sprecheresti solo soldi. Sì, perché difficilmente qualcuno farebbe tanti chilometri per acquistare un'automobile!

Risulta chiaro che l'azienda fornitrice di SMS marketing dovrà darti la possibilità di **inviare SMS in base a diversi criteri di selezione**, altrimenti detti "filtri". Esistono aziende che forniscono davvero tanti criteri di selezione: professione, titolo di studio, sport praticati ecc. Non è indispensabile avere la possibilità di scegliere tra tutti questi criteri. Tuttavia, un buon fornitore dovrà garantirti la scelta di almeno questi tre criteri:

- l'età;
- il sesso;
- la localizzazione geografica.

Definendo questi tre parametri base, potrai "mirare" in maniera ottimale e offrire il prodotto o il servizio a una potenziale clientela molto propensa all'acquisto.

SEGRETO n. 5: la ricerca e la definizione di un target determina l'efficacia di una campagna pubblicitaria.

Il **database utenti** a disposizione dell'azienda fornitrice del servizio di SMS marketing indica il numero telefonico degli utenti che hanno acconsentito a fornire il proprio recapito di telefonia mobile per ricevere messaggi pubblicitari. Come ti anticipavo nell'introduzione, un punto di fondamentale importanza che devi tenere a mente è il seguente: **i messaggi pubblicitari non vengono inviati a numeri telefonici a caso, poiché ciò costituisce reato; vengono inviati esclusivamente a utenti che già hanno acconsentito a ricevere SMS pubblicitari**. L'invio indiscriminato di sms pubblicitari è una violazione che viene definita "spam", rientra nella categoria della pubblicità indesiderata ed è perseguibile per legge.

Una buona azienda di SMS marketing dovrebbe avere nel proprio database almeno un milione di utenti registrati, e questo per diverse ragioni. Innanzitutto per avere un vasto target a disposizione. La seconda ragione è che il servizio di SMS marketing non è richiesto solo da te, ma anche da tanti altri clienti che lo utilizzeranno per il tuo stesso scopo, ovvero pubblicizzare un proprio prodotto o servizio in vendita. Quindi se il numero di utenti a disposizione cui inviare messaggi pubblicitari fosse basso, quest'ultimi verrebbero continuamente "bombardati" di SMS pubblicitari che, di conseguenza, perderebbero efficacia. Infatti l'utente comincerebbe a stancarsi di ricevere tanta pubblicità e, probabilmente, cancellerebbe gli SMS senza neanche leggerli. È un po' ciò che accade con le email pubblicitarie. Chissà quante volte sarà capitato anche a te di cancellarle automaticamente senza neanche leggerne il contenuto.

Ogni azienda fornitrice di SMS marketing che abbia un certo rilievo possiederà un proprio sito internet. Se l'azienda è di successo, sicuramente ci sarà una pagina del sito web dedicata ai propri **clienti acquisiti**. Se l'azienda fornitrice presenterà in questa pagina almeno un paio di clienti "importanti" come società per azioni o marchi pubblicizzati nei mass media, avrai un'enorme garanzia di affidabilità.

Se un'azienda fornitrice di SMS marketing risponderà a questi tre requisiti base: target, database utenti e clienti acquisiti, ciò significa che fornirà un servizio di ottima qualità e quindi dovrai verificare l'ultimo fondamentale parametro: il **prezzo**. Questo fattore è di notevole importanza. Infatti, anche se tu avessi trovato un'ottima azienda che ti offre target, database utenti e clienti acquisiti, ma che non ha un prezzo competitivo, la tua campagna perderebbe di efficacia. Infatti, ad esempio, a parità di investimento, con un'azienda che ti offre costi maggiormente abbordabili potresti inviare 500 SMS e con l'altra, che impone costi più onerosi, solo 300. Quindi, con lo stesso capitale, meno persone conoscerebbero il tuo prodotto o servizio in vendita.

In genere, i fornitori di SMS marketing impostano dei costi per singolo messaggio inviato, che variano a seconda della quantità scelta. Naturalmente, maggiore sarà la quantità di SMS acquistati e minore sarà il prezzo unitario di essi. In genere, i prezzi degli SMS oscillano tra i 20 e i 40 centesimi di euro cadauno.

Quantità SMS acquistati	**Range prezzo singolo SMS**
500	0,35-0,40
1000	0,30-0,35
5000	0,20-0,25

La tabella indica la fascia di costo del singolo SMS in base alla quantità acquistata. Se il costo del singolo SMS oscilla intorno a quel prezzo vuol dire che è competitivo, invece se il prezzo supera quel range vuol dire che è molto caro e non ti conviene. Infatti, come ti spiegavo poco fa, a parità di capitale investito, se individui un'altra azienda che ti propone un costo unitario inferiore, la tua pubblicità sarà "vista" da molti più utenti.

Però, presta particolare attenzione anche a prezzi di molto inferiori a quelli indicati nella tabella precedente. Le aziende che forniscono questo servizio hanno comunque delle spese per ogni SMS inviato. Quindi un prezzo eccessivamente basso per SMS potrebbe significare varie cose: un servizio di bassa qualità, con messaggi che arrivano in ritardo o non arrivano per niente, oppure il rischio di inviare pubblicità a utenti non regolarmente registrati e dunque di dar luogo a spam, o il rischio di incappare in truffe su web ecc.

SEGRETO n. 6: i requisiti di una buona azienda fornitrice di SMS marketing sono: vasto target, ampio database utenti, importanti clienti acquisiti e prezzi competitivi.

Le grandi aziende fornitrici di SMS marketing, oltre a consentire l'invio di messaggi targhettizzati, offrono anche altri servizi, tra cui la messaggistica multipla e il bluetooth marketing. Gli SMS multipli sono messaggi che vengono inviati a utenti indicati dal cliente. Questo servizio è utile per **fidelizzare** i clienti, cioè per mantenere quelli già acquisiti, ma non per cercarne dei nuovi, infatti, in questo caso, dovresti fornire tu i numeri di cellulare.

Il bluetooth marketing, di cui parleremo dettagliatamente nel settimo capitolo di questa guida, è una strategia pubblicitaria di prossimità. Gli utenti che passano nell'area di copertura del dispositivo di bluetooth marketing ricevono, sempre previo loro consenso, messaggi pubblicitari. Il vantaggio principale di questo servizio è che esso è gratuito.

Ora sei abbastanza preparato per distinguere le aziende di qualità da altre non affidabili e, quindi, puoi avviare la tua ricerca sul web digitando le seguenti parole chiave:

- SMS marketing;
- mobile advertising;
- SMS advertising;

- SMS solution.

Per non farti perdere tempo, di seguito ho elencato e descritto alcune aziende fornitrici del servizio SMS marketing che ritengo molto affidabili. La prima azienda che ti suggerisco è EuroSMS, un'azienda giovane e dinamica nata nel 2001. EuroSMS offre, innanzitutto, tantissimi criteri di selezione del target, tra cui quelli più importanti: localizzazione geografica, sesso ed età.

Visitando il sito ufficiale, potrai renderti conto del fatto che i costi del servizio sono molto competitivi e rispecchiano il "range" ottimale che ti ho indicato nella tabella precedente. Inoltre EuroSMS possiede molti clienti importanti come società per azioni, enti pubblici ecc. ciò che, come ti spiegavo in precedenza, è sinonimo di alta affidabilità.

La successiva azienda che ti indico per la gestione del servizio di SMS marketing è la Leader Mobile.

Leader Mobile è una società di servizi di comunicazione mobile e di marketing tramite telefonino. Ecco i principali servizi offerti da Leader Mobile: linea SMS/MMS, SMS marketing e bluetooth marketing.

SEGRETO n. 7: trova con Google le aziende fornitrici di messaggi pubblicitari, indicando l'espressione "SMS marketing", e verifica se esse rispecchiano i criteri di selezione indicati.

Per quanto riguarda la fidelizzazione dei clienti già acquisiti puoi servirti di tante altre aziende importantissime, che forniscono il servizio di invio di **SMS multipli**. Si tratta di siti internet che ti permettono di acquistare pacchetti di SMS e di inviarli per loro tramite.

Il vantaggio di questi siti, oltre al risparmio economico, sta nella procedura di utilizzo del servizio, assolutamente semplice. Puoi indicare tutti i numeri di cellulare dei tuoi clienti all'interno di un file di testo, allegare questo file al sito, scrivere il testo del messaggio e, in un solo colpo, inviare a tutti i tuoi clienti i messaggi pubblicitari. Puoi cercare tu stesso in rete le aziende che forniscono questo servizio. Ti basterà digitare da un qualsiasi motore di ricerca le seguenti keyword:

- invio sms multipli;
- mandare sms multipli;
- inviare sms multipli;
- sms multipli da PC;
- invia sms multipli.

Anche stavolta ti indicherò alcune aziende di notevole affidabilità tramite le quali puoi inviare SMS multipli. La prima che ti propongo è Aruba.

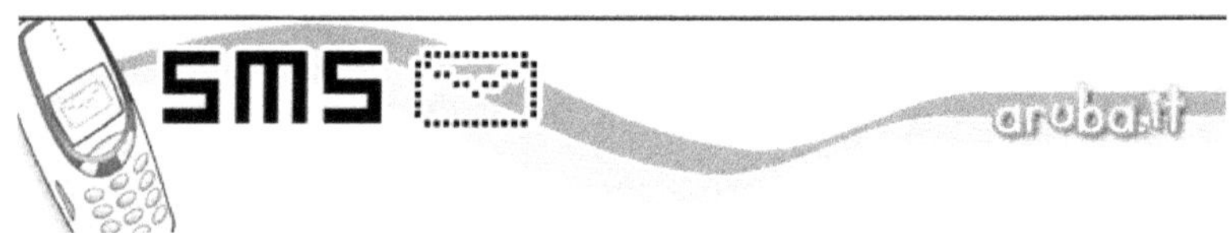

Con il servizio offerto da Aruba, puoi acquistare pacchetti di SMS da inviare tramite il sito dell'azienda o includere il codice per inviarli direttamente dal tuo. Naturalmente, anche in questo caso, più ne acquisti e più risparmi. Il servizio è di semplicissimo utilizzo e il sito ti offre anche una sezione demo per farti vedere come funziona il pannello per l’invio di messaggi multipli. Come ti spiegavo, puoi memorizzare l’elenco dei destinatari in un semplice file di testo che potrai allegare al sito stesso.

Un’altra azienda di notevole affidabilità è SMS gateway.

Questa azienda, oltre a fornirti il servizio di SMS multipli a costi davvero competitivi, fornisce anche il servizio di SMS marketing per l’acquisizione di nuovi clienti. Il servizio di SMS marketing consente di “profilare” i tuoi contatti in base alla provincia, alla data di nascita, alla professione e agli interessi: così puoi inviare i tuoi messaggi SMS, in modo perfettamente mirato, a un target certo di utenti.

SEGRETO n. 8: il servizio offerto dalle aziende fornitrici di SMS multipli è l’ideale per fidelizzare i clienti, spendendo poco.

Ora che conosci alcune tra le principali aziende fornitrici di SMS pubblicitari, passiamo a un altro punto fondamentale in tutte le campagne di marketing, cioè i **giorni e gli orari ideali** per pubblicizzare prodotti o servizi. Certamente non è il massimo programmare una campagna di SMS pubblicitari alle 3 del mattino! L'utente avrebbe il cellulare spento, e anche se gli arrivasse il messaggio pubblicitario la mattina seguente, lui non vi presterebbe attenzione poiché di primo mattino non avrebbe la concentrazione necessaria per apprezzarlo. Potrebbe cancellarlo, oppure dimenticarlo nella memoria del cellulare.

Pertanto ti consiglio di programmare la trasmissione della tua campagna pubblicitaria nei momenti in cui le persone effettuano più acquisti. Queste fasce orarie coincidono con i momenti in cui la gente non è a lavoro e si dedica al tempo libero. Le fasce migliori, che ti consiglio di utilizzare, sono quelle dei festivi, tipo la domenica tra le 16 e le 22, e del mercoledì tra le 18 e le 22.

SEGRETO n. 9: diffondi i tuoi messaggi pubblicitari negli orari e nei giorni in cui si effettuano più acquisti.

RIEPILOGO DEL GIORNO 2:

- SEGRETO n. 5: la ricerca e la definizione di un target determina l'efficacia di una campagna pubblicitaria.
- SEGRETO n. 6: i requisiti di una buona azienda fornitrice di SMS marketing sono: vasto target, ampio database utenti, importanti clienti acquisiti e prezzi competitivi.
- SEGRETO n. 7: trova con Google le aziende fornitrici di messaggi pubblicitari, indicando l'espressione "SMS marketing", e verifica se esse rispecchiano i criteri di selezione indicati.
- SEGRETO n. 8: il servizio offerto dalle aziende fornitrici di SMS multipli è l'ideale per fidelizzare i clienti, spendendo poco.
- SEGRETO n. 9: diffondi i tuoi messaggi pubblicitari negli orari e nei giorni in cui si effettuano più acquisti.

GIORNO 3:
Guadagnare subito con le affiliazioni

Ora che conosci alcune delle migliori aziende fornitrici di SMS pubblicitari e che, inoltre, sai riconoscere quelle di alta qualità, puoi passare all'oggetto della campagna di marketing, ovvero alla scelta del prodotto da pubblicizzare. Se hai già un tuo prodotto o servizio da pubblicizzare, nel sesto capitolo vedremo come fare. Ma supponiamo che, per ora, tu non abbia nulla di tuo da pubblicizzare oppure che tu voglia incrementare i tuoi guadagni con un'entrata extra. Ebbene, in questo terzo capitolo ti illustrerò come guadagnare da subito sponsorizzando prodotti "altrui". Ma, soprattutto, ti indicherò quali sono quelli ad "alta conversione" e ti suggerirò come individuarne degli altri.

Dopo lunghi studi e soprattutto in seguito ad azioni "pratiche" sul campo, messe in atto non solo da me, ma anche dai più grandi esperti di web marketing, è risultato che il modo più veloce e redditizio per fare soldi su internet consiste nell'aderire ai vari

programmi di affiliazione presenti sul web. Probabilmente già sai cos'è un programma di affiliazione. In ogni caso, partirò dall'ABC.

Un programma di affiliazione è un'opportunità offerta da un sito internet di commercio elettronico: per ogni vendita di un prodotto o servizio che hai generato ti viene riconosciuta una commissione. Il vantaggio dei programmi di affiliazione è che devi occuparti solo della vendita: il resto, come la gestione del sito internet, i pagamenti, l'assistenza ai clienti, le spedizioni ecc., è a carico dell'affiliante.

SEGRETO n. 10: con i programmi di affiliazione guadagni velocemente e non hai incarichi commerciali.

I programmi di affiliazione in genere sono facili da usare, gratuiti e rapidi. Ma prima di lanciarti in questo business devi occuparti di un'operazione estremamente scrupolosa: **scegliere quelli giusti**. Attraverso i motori di ricerca puoi trovare centinaia di programmi di affiliazione ma, così come per le aziende fornitrici di SMS marketing, non è opportuno affidarsi al caso: è meglio seguire alcuni criteri di selezione. Difatti in rete non mancano di certo le società inaffidabili.

I principali requisiti che deve avere un buon programma di affiliazione online sono i seguenti:

- prodotti in vendita di alta qualità;
- serietà e professionalità dell'affiliante;
- statistiche aggiornate riguardo a vendite e click;
- mantenere il cliente all'affiliato per un periodo pari almeno a un mese dal giorno della vendita realizzata grazie all'affiliato stesso;
- provvigioni sufficientemente alte;
- un ampio catalogo dei prodotti in vendita;
- il programma di affiliazione deve essere gratuito.

SEGRETO n. 11: un buon programma di affiliazione deve soddisfare i seguenti requisiti: qualità, professionalità, statistiche aggiornate, durata cliente, provvigioni alte, ampio catalogo e gratuità.

Il più completo e affidabile programma di affiliazione su internet è sicuramente quello di eBay, il noto sito di aste online. L'affiliazione con eBay, che prevede una procedura di iscrizione semplice e gratuita, può farti guadagnare fino a 25 euro per ogni persona che porti sul sito, se diventerà un utente registrato attivo, cioè che faccia almeno un'offerta per un'asta online o che acquisti un oggetto in formato "compralo subito" entro trenta giorni dalla sua registrazione. Inoltre guadagnerai fino a 20 centesimi di euro per ogni offerta per un'asta online o per ogni acquisto in formato "compralo subito" proveniente dal tuo sito, sia che si tratti di un utente già registrato, sia che si tratti di uno nuovo.

SEGRETO n. 12: il programma di affiliazione di eBay è gratis, completo e affidabile.

Effettuata la registrazione, potrai scaricare banner e link pubblicitari; quest'ultimi presenteranno il tuo codice di affiliazione, che ti servirà per identificarti su eBay quando porti un utente, ad esempio: rover.ebay.com. eBay fornisce link pubblicitari per l'intero sito, per una categoria specifica o per un singolo prodotto.

Visto che il programma di affiliazione di eBay è completo, poiché guadagni praticamente su ogni categoria di oggetti in asta e in modalità "compralo subito" e poiché su questo sito si vende tutto, tranne che la categoria degli oggetti vietati, hai un target praticamente infinito. Infatti, ogni giorno, tra aste online e "compralo subito", sono esposti quasi un milione di prodotti che puoi pubblicizzare!

Come avrai notato, questo programma di affiliazione, a differenza degli altri, ti riconosce provvigioni fisse e non su percentuali. Quindi, un sistema semplice ed eccezionalmente efficace per guadagnare con questo programma di affiliazione consiste nel **pubblicizzare i prodotti più economici**. Infatti un visitatore li acquisterebbe quasi sicuramente, specie se si tratta di prodotti che costano meno di un euro, e ne troverai a migliaia.

SEGRETO n. 13: pubblicizza i prodotti di eBay più economici, poiché l'affiliazione si basa su provvigioni fisse.

Ad esempio, scegli una categoria sulla home page di eBay, tipo "telefonia e cellulari" e come sottocategoria, ad esempio,

"Nokia". Visualizzerai l'elenco dei prodotti in vendita e, a questo punto, dovrai cliccare sul campo "mostra prima" e scegliere "più economici", affinché il sito ponga gli oggetti in ordine di prezzo crescente, cioè a partire da quello più economico al più costoso.

Non ci crederai, ma troverai cellulari all'asta a partire dal prezzo di un centesimo di euro. Immagina su quanti utenti riuscirai a guadagnare con una pubblicità simile: «Incredibile! Cellulari NOKIA a partire da 1 centesimo!»

Fino a pochi mesi fa, il programma di affiliazione di eBay si appoggiava al sito TradeDoubler. Attualmente il programma di affiliazione di eBay è indipendente, ma ti consiglio comunque di registrarti a TradeDoubler, poiché raccoglie tanti altri programmi di marchi molto conosciuti: Apple, Toshiba, HP, Meetic Italy, Sky ecc.

Anche in questo caso hai moltissime possibilità. Infatti i marchi a cui puoi affiliarti sono tantissimi e in continua crescita e quindi, anche in questo caso, avrai un vasto target. Potresti ad esempio pubblicizzare l'ultimo modello degli iPod della Apple, con un messaggio simile: «Compra il tuo iPod direttamente dalla Casa Costruttrice. Forti Sconti e Spedizione Gratuita.»

SEGRETO n. 14: TradeDoubler raccoglie i programmi di affiliazione dei più noti prodotti di marca.

Un altro sito che raccoglie molti altri programmi di affiliazione è ClickBank.

Questo sito americano raccoglie prodotti di marche meno note, ma di tutto il mondo. Vanta oltre 100.000 affiliati grazie al fatto che offre provvigioni fino al 75 per cento e ci sono oltre 10.000 prodotti da promuovere.

SEGRETO n. 15: ClickBank raccoglie i programmi di affiliazione di marche meno note ma di tutto il mondo.

Il fatto che sia un sito straniero, in lingua inglese, è un enorme vantaggio, poiché l'SMS marketing non è una tecnica pubblicitaria diffusa solo in Italia. Pertanto hai la possibilità di pubblicizzare il tuo prodotto in tutto il mondo, ottenendo guadagni strepitosi: ti basterà solo cercare aziende che forniscono servizi di SMS pubblicitari all'estero, tipo mobileStorm. Le keyword da digitare nei motori di ricerca sono sempre le stesse:

- SMS marketing;

- mobile advertising;
- SMS advertising;
- SMS solution.

Naturalmente non dovrai digitare queste keyword nella home page di Google Italia che normalmente utilizzi. Dovrai andare nella sezione inglese, cliccando il link Google.com in English. Ecco un esempio pratico di una campagna pubblicitaria con ClickBank. Puoi sponsorizzare una delle tante guide elettroniche della categoria "e-business" con un messaggio simile: «Free Affiliate Course. How To Make $1000/month.» Il messaggio, tradotto, sta per: «Corso di affiliazione gratis. Come fare 1000 dollari al mese.»

Un altro programma di affiliazione, molto affidabile e molto redditizio, è quello di PayPal. Questo sito è fortemente utilizzato nell'e-commerce, perché consente di effettuare pagamenti su eBay o su altri negozi online. Registrandoti gratuitamente viene aperto un conto virtuale; dopodiché è possibile effettuare o ricevere pagamenti con carte di credito Visa e MasterCard e con carte prepagate dei circuiti Visa Electron.

PayPal è nata nel 2000 e, a partire dall'ottobre del 2002, è stata acquisita da eBay. Attualmente questo servizio è disponibile in 190 Paesi del mondo e vanta circa 123 milioni di conti attivi. Affiliandoti gratuitamente a PayPal, ogni volta che un nuovo commerciante sottoscrive un conto Premier o Business tramite il tuo link o banner, inizierai immediatamente a ricevere lo 0,5 per cento del suo volume di pagamenti, fino a un massimo di 1000 euro.

SEGRETO n. 16: il programma di affiliazione di PayPal consente elevati guadagni per ogni nuovo commerciante che porti sul sito.

Potresti, ad esempio, pubblicizzare con un SMS questo sistema di pagamento, illustrando come integrare PayPal in un sito per accettare pagamenti con carta di credito, aprendo le porte a migliaia di nuovi clienti, con un sistema rapido e sicuro: «Scopri come accettare Pagamenti con la Carta di Credito nella tua Attività e aprirai le porte a migliaia di Nuovi Clienti.»

Un altro programma di affiliazione, pieno di possibilità, potrebbe essere quello di una libreria online. Quello di Macrolibrarsi, in particolare, è molto completo.

Questo programma, completamente gratuito, offre fino al 15 per cento di provvigione su ogni vendita di libri, cd, riviste, DVD. In questo sito troverai molti libri con lo sconto del 15 per cento. Potresti pubblicizzare proprio quelli, perché la pubblicità non solo deve informare gli utenti dell'esistenza del prodotto, ma deve anche motivarli all'acquisto, e lo sconto è un sistema infallibile per farlo. Ecco un ottimo messaggio di esempio: «Oltre 1000 libri con lo sconto del 15 per cento. Spedizione Gratuita. Acquista subito online.»

SEGRETO n. 17: Macrolibrarsi è un programma di affiliazione di librerie online, gratis e completo.

All'inizio di questo capitolo ho accennato all'esistenza dei **prodotti ad alta conversione**. Ma cosa sono? La conversione è il rapporto, espresso in percentuale, tra il numero di vendite di un prodotto e il numero di visualizzazioni della corrispondente scheda. Se il rapporto di conversione di un prodotto è pari all'1 per cento significa che, mediamente, ogni 100 visite, ne viene venduto uno. In poche parole, conoscendo questo parametro fondamentale saprai quali sono i prodotti che vendono di più e che, naturalmente, dovrai pubblicizzare in primis per ottenere una quantità elevata di vendite e provvigioni.

SEGRETO n. 18: per guadagnare di più, pubblicizza principalmente i prodotti ad alta conversione di vendita.

Purtroppo i programmi di affiliazione citati in precedenza non forniscono questo importante parametro, che consentirebbe elevatissimi guadagni. Tuttavia in Italia ne esiste uno che, oltre a fornire questi dati, offre anche tantissimi vantaggi. Questo programma di affiliazione è proprio quello della Bruno Editore.

Diventando affiliato della Bruno Editore rivendi prodotti per la crescita personale, professionale e finanziaria. Partecipare a questo programma di affiliazione comporta incredibili vantaggi:

- guadagni su tutti i prodotti e abbonamenti venduti;

- ampio catalogo. Il più vasto catalogo di ebook per la formazione di alta qualità. Inoltre ogni mese ne vengono pubblicati circa dieci nuovi;
- alto prestigio. Tutti conoscono il marchio della Bruno Editore: ne parlano le più grandi testate giornalistiche: il Messaggero, la Repubblica, il Corriere, Millionaire ecc., e per questo rivenderne i prodotti sarà ancora più facile!
- i pagamenti vengono corrisposti, in modo puntualissimo, trimestralmente il giorno 25. Se, ad esempio, nel trimestre di gennaio, febbraio e marzo ricavi 500 euro di commissioni, il 25 di aprile ti verrà fatto un bonifico bancario direttamente sul tuo conto corrente;
- il cliente ti viene garantito per tutta la vita. Infatti, quando una persona entra con il tuo codice di affiliazione e si registra, viene riconosciuto come tuo cliente per sempre e tu guadagnerai su tutti i suoi acquisti. Quindi, ogni volta che fa un ordine, anche in date differenti o per prodotti diversi, tu guadagnerai sempre tutte le commissioni. Penso sia l'unico programma di affiliazione al mondo che offre questo vantaggio;
- il sito mette a disposizione un pannello di controllo con cui

puoi monitorare i click, gli ordini effettuati, le commissioni e i pagamenti. Potrai inoltre scaricare banner e pubblicità già pronte per iniziare subito. Inoltre, avrai un link per ogni prodotto della Bruno Editore, con il tuo codice di affiliazione. Ad esempio:

Ebook Lettura Veloce 3x

www.apprendimentorapido.net

- non appena il cliente avrà effettuato l'ordine di un prodotto, sul tuo pannello troverai immediatamente la tua commissione!
- bonus e report omaggio. Iscrivendoti ricevi subito degli ebook in omaggio per formarti gratis!
- guadagni anche sui sottoaffiliati. Ogni volta che fai iscrivere una persona al Club Affiliati Italiani, questa diventa un tuo sottoaffiliato a vita e tu guadagni una percentuale sulle sue commissioni e sui suoi acquisti!
- con il "moltiplicatore" aumenti i tuoi guadagni e ottieni sconti fino al 50 per cento!
- l'iscrizione a questo programma di affiliazione è assolutamente gratuita.

Infine, ogni prodotto in vendita possiede un suo minisito, studiatissimo per motivare il cliente all'acquisto, che ne illustra i benefici e i dettagli e infine rassicura il cliente con testimonianze di persone che lo hanno già provato e con garanzie di sostituzione per qualsiasi motivo. Queste caratteristiche garantiscono un'alta percentuale di vendita, da parte dei visitatori, rispetto agli altri siti di e-commerce.

Inoltre la maggior parte dei programmi di affiliazione, anche quelli più famosi, sfrutta il metodo "all'americana", in cui semplicemente l'affiliato pubblicizza il singolo prodotto e spera che il cliente compri.

In questo modo, però, si rischia di perdere molti potenziali clienti che potrebbero essere interessati ad altri prodotti della stessa azienda e che nel minisito non vengono proposti. Invece, diventando affiliato della Bruno Editore guadagnerai denaro anche sugli altri "99 clienti" che non comprano subito, e ti spiego il perché. Nei minisiti di vendita di questa casa editrice, prima di arrivare alla pagina del prodotto, vengono offerti degli ebook in omaggio a chi si iscrive alla **newsletter** fornendo la propria email.

Per cui l'utente che visita il sito della Bruno Editore, e che si iscrive alla newsletter, sarà sicuramente incentivato a comprare subito e di certo in molti lo faranno. Ma anche coloro che non fossero interessati al prodotto pubblicizzato nel singolo minisito, effettueranno sicuramente acquisti in futuro grazie alle pubblicità che giungeranno loro via email relative ad altri prodotti della stessa casa editrice.

Ti garantisco che, con un catalogo di oltre 100 prodotti di crescita personale, professionale e finanziaria, chiunque ne trova almeno uno di suo interesse! Oggi, domani e per sempre! E visto che si tratta di prodotti di alta qualità, le persone comprano almeno altri due o tre prodotti, senza contare quei super affezionati che comprano tutti quelli lanciati sul mercato dalla Bruno Editore, perché sanno come lavorano!

SEGRETO n. 19: il programma di affiliazione della Bruno Editore offre notevoli vantaggi.

Quando mi iscrissi la prima volta al programma di affiliazione della Bruno Editore, cominciai a vendere i loro prodotti con una campagna pubblicitaria basata su Google AdWords e con ottimi risultati.

Tuttavia, per un periodo fui costretto a interromperla, perché cambiai istituto bancario e attesi un po' di tempo per riavere la carta di credito. Per non perdere la comodità di questo strumento di pagamento e per evitare di avere fastidi nell'effettuare bonifici bancari, sospesi la campagna pubblicitaria su Google.

In quel periodo di sospensione, notai sul pannello di controllo della Bruno Editore che, "misteriosamente", alcuni utenti avevano acquistato prodotti che non avevo mai pubblicizzato, perché prima non esistevano ancora. Questo perché? Quando la Bruno Editore lancia un nuovo prodotto, invia una email a tutti gli iscritti alla newsletter, che vanta **oltre 275.000 utenti**, e tra questi c'erano i clienti che avevo portato io sul sito.

Di conseguenza ho guadagnato una provvigione senza spendere un soldo di pubblicità e senza fare niente! E la cosa bella è che quei clienti saranno miei per sempre! Inoltre, la Bruno Editore nelle newsletter non solo propone i nuovi prodotti, ma ripropone anche tutti gli oltre 100 di vario argomento già esistenti, ed ogni cliente ne trova sempre almeno uno o più di suo interesse. In pratica, il guadagno è certo.

Ma torniamo al discorso dei dati di conversione. Come ti dicevo, la Bruno Editore, da qualche mese, fornisce nella home page una classifica dei prodotti ordinati secondo il tasso di conversione.

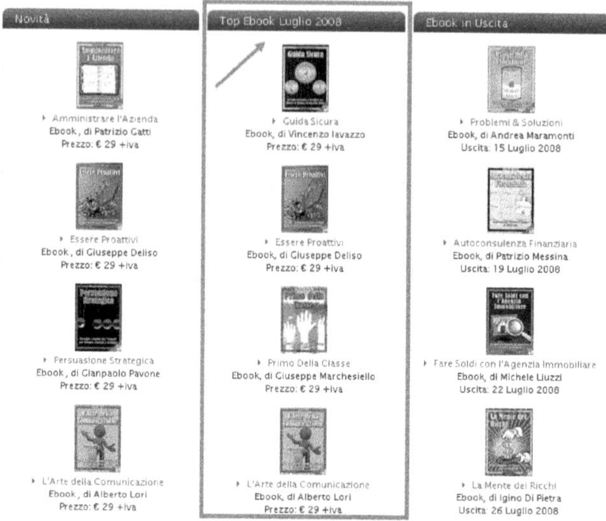

Naturalmente dovrai pubblicizzare innanzitutto gli ebook in cima alla classifica, poiché si vendono meglio. Pensa che alcuni raggiungono una percentuale di conversione pari al 3 per cento, che è veramente altissima.

Ora che conosci alcuni tra i principali programmi di affiliazione e hai le coordinate giuste per cercarne, eventualmente, altri, puoi passare alla fase di marketing, per far conoscere a migliaia di persone i prodotti delle aziende cui sei affiliato e guadagnare con le provvigioni.

Naturalmente, come ti spiegavo, il servizio migliore per pubblicizzare questi prodotti è l'SMS marketing. Siccome i prodotti citati sono rivolti a una vasta clientela, composta da uomini e donne, ragazzi e adulti, del nord, del sud o del centro, potrebbe non essere così indispensabile acquistare SMS pubblicitari targhettizzati.

Così facendo, andresti a risparmiare notevolmente sull'investimento pubblicitario. Infatti la Leader Mobile offre un servizio chiamato "Tim Spot", che invia agli utenti SMS pubblicitari in maniera casuale, dunque senza alcun target. Questo servizio prevede costi unitari inferiori della metà rispetto a quelli degli SMS targhettizzati.

Quindi, per pubblicizzare i prodotti a cui sei affiliato e che hanno un vasto target, ti consiglio vivamente di utilizzare i Tim Spot. Invece, per pubblicizzare la tua attività, dovrai sfruttare il servizio SMS marketing targhettizzato. Ne parleremo approfonditamente nel sesto capitolo. Naturalmente, per poter utilizzare i Tim Spot dovrai avere cura di scegliere prodotti che abbiano un elevatissimo target, cioè adatti a tutti, uomini, donne, ragazzi e adulti, e che siano anche ad alta conversione.

SEGRETO n. 20: pubblicizza i prodotti che abbiano target elevato e alta conversione con SMS non targhettizzati.

Un classico esempio di categorie di prodotti che hanno sia un vasto target sia un'alta conversione sono quelli per la crescita finanziaria. Nel catalogo della Bruno Editore troverai decine di prodotti per la crescita finanziaria: basterà cliccare il link guadagnare presente nella home page.

RIEPILOGO DEL GIORNO 3:

- SEGRETO n. 10: con i programmi di affiliazione guadagni velocemente e non hai incarichi commerciali.
- SEGRETO n. 11: un buon programma di affiliazione deve soddisfare i seguenti requisiti: qualità, professionalità, statistiche aggiornate, durata cliente, provvigioni alte, ampio catalogo e gratuità.
- SEGRETO n. 12: il programma di affiliazione di eBay è gratis, completo e affidabile.
- SEGRETO n. 13: pubblicizza i prodotti di eBay più economici, poiché l'affiliazione si basa su provvigioni fisse.
- SEGRETO n. 14: TradeDoubler raccoglie i programmi di affiliazione dei più noti prodotti di marca.
- SEGRETO n. 15: ClickBank raccoglie i programmi di affiliazione di marche meno note ma di tutto il mondo.
- SEGRETO n. 16: il programma di affiliazione di PayPal consente elevati guadagni per ogni nuovo commerciante che porti sul sito.
- SEGRETO n. 17: Macrolibrarsi è un programma di affiliazione di librerie online, gratis e completo.
- SEGRETO n. 18: per guadagnare di più, pubblicizza

principalmente i prodotti ad alta conversione di vendita.

- SEGRETO n. 19: il programma di affiliazione della Bruno Editore offre notevoli vantaggi.
- SEGRETO n. 20: pubblicizza i prodotti che abbiano target elevato e alta conversione con SMS non targhettizzati.

GIORNO 4:
Messaggi pubblicitari vincenti

Ora che conosci le migliori aziende fornitrici del servizio di SMS marketing e che hai scelto il prodotto ad alta conversione da pubblicizzare, non ti resta altro da fare che ideare la vera campagna pubblicitaria: **il testo del messaggio**. Come ben sai, hai a disposizione 160 caratteri, che dovrai sfruttare dal primo fino all'ultimo per pubblicizzare il prodotto al potenziale cliente, ma soprattutto per **motivarlo all'acquisto**.

Il messaggio pubblicitario farà la differenza per la tua campagna di marketing. Esso è fondamentale: deve attirare molto e deve mostrare i vantaggi che offre il tuo prodotto. Ad esempio, mettiamo che tu abbia scelto di sponsorizzare un manuale di seduzione, come il seguente in vendita su eBay:

MANUALE DI AUTOSTIMA - DI SEDUZIONE - DI COMUNICAZIONE
Feedback: 195 | 100%
EUR 1,00 Compralo Subito -EUR 4,99

Secondo te sarà più efficiente il messaggio pubblicizzato su eBay: «Manuale di Autostima – di Seduzione – di Comunicazione.», oppure quest'altro: «Scopri come conquistarla anche quando lei pensa che non sei il suo tipo.»

Il secondo attirerà sicuramente di più. Soprattutto se negli annunci aggiungerai parole come: "ultimi pezzi", "introvabile", "sconti", "spedizione gratuita" ecc. Avendo a disposizione ben 160 caratteri, non dovrai preoccuparti solo di motivare il cliente all'acquisto: potrai anche aggiungere altre informazioni.

Personalmente, in qualsiasi campo del marketing, mi affido oramai a una nota strategia per la realizzazione di **pagine web di vendita**. È una struttura vincente, molto semplice ma efficace al 100 per cento per indurre l'utente ad acquistare un prodotto. Personalmente l'ho sempre utilizzata in ogni campagna di marketing: video, annunci, messaggi, pagine web ecc. A differenza di altre tecniche, ne ho sempre avuto un ottimo ritorno economico.

Come ti dicevo, la struttura è molto semplice ed è suddivisa in tre parti:

- motivare;
- informare;
- rassicurare.

Visto che è un metodo adottato dalla Bruno Editore per pubblicizzare i propri prodotti, nel sito troverai questa struttura già pronta. Basterà che tu vada nella pagina dell'ebook in oggetto e scoprirai che, appunto, essa soddisfa appieno questi tre requisiti. Naturalmente ti è consentito ispirarti ai siti della Bruno Editore esclusivamente per pubblicizzare i loro prodotti.

Il concetto di **motivare** il cliente si può ben sintetizzare con le parole di Giacomo Bruno: «Le persone comprano con le emozioni.» Infatti in questa fase devi entusiasmare l'utente che legge il messaggio, indicando i vantaggi che offre la guida. Ad esempio, mettiamo che tu stia pubblicizzando un ebook nel quale parli di come perdere peso. Potresti pensare a un titolo come: *Guida su come perdere peso*, ma sarà sicuramente meglio intitolarlo: *Ti piacerebbe perdere chili mangiando ciò che vuoi?* L'utente sarà entusiasta e, dunque, più propenso ad acquistare la guida, perché vengono evidenziati i **vantaggi** che offre.

La seconda fase consiste nell'**informare** l'utente, illustrando e spiegando brevemente le caratteristiche dell'oggetto o del servizio in questione. Nell'ambito di un breve messaggio pubblicitario, basterà che tu specifichi di cosa si tratta. Ad esempio: «Ebook 325 pagine.»

Infine, dovrai occuparti di **rassicurare** l'utente, ovvero dare sicurezza e offrire garanzie sul prodotto o servizio in vendita per indurlo all'acquisto. Alcuni esempi: «Soddisfatto o Rimborsato.» «1° Capitolo Gratuito.» «Preventivo Gratis.» «3000 copie vendute.»

Se ti affidi a siti internet competenti, avere garanzie sarà l'ultimo dei tuoi problemi. Anzi, non sarà per niente una preoccupazione. Ad esempio, se pubblicizzi un prodotto in vendita su eBay, grazie al sistema dei feedback i tuoi potenziali clienti avranno una vera e propria garanzia di serietà dei venditori.

Oppure, se pubblicizzi un prodotto della Bruno Editore, nelle relative pagine web gli utenti troveranno decine di testimonianze e un certificato di garanzia che assicura la sostituzione dell'acquisto per qualsiasi motivo. Se segui queste regole, è molto probabile che l'utente rimanga colpito dal tuo breve messaggio e che decida di acquistare la guida completa che stai pubblicizzando.

SEGRETO n. 21: per indurre, con il messaggio, all'acquisto di un prodotto dovrai motivare, informare e rassicurare l'utente.

Per quanto riguarda il prezzo del prodotto, ti sconsiglio di indicarlo, per una ragione molto semplice. Nella pubblicità online, dove la tecnica principale è quella del pay per click, in cui paghi un costo per ogni click che ricevi, è consigliato indicare il prezzo per evitare di spendere inutilmente tanti soldi. Infatti accade spesso che i visitatori cliccano sull'annuncio e poi, quando scoprono che il prodotto è a pagamento, se ne vanno.

Invece in questo tipo di pubblicità è consigliabile **non indicare il prezzo**, poiché non paghi in proporzione alle visite ricevute.

Pertanto sarà meglio che il lettore visiti comunque il sito, che se è ben fatto, lo motiverà nell'acquisto in pochi minuti.

SEGRETO n. 22: negli SMS pubblicitari non indicare il prezzo del prodotto.

Tornando al messaggio pubblicitario per la vendita dell'ebook sulla seduzione, in base alla struttura illustrata in precedenza, potrai decidere di comporlo nel seguente modo: «Scopri come conquistarla anche quando lei pensa che non sei il suo tipo. Ebook 325 pagine. Garanzia 100 per cento Omaggio.»

Come vedi, con soli 113 caratteri abbiamo composto un messaggio che riesce a motivare, informare e rassicurare l'utente. Ti resterebbero ancora 47 caratteri che dovrai sfruttare per pubblicizzare il link che porta al sito di vendita del prodotto a cui sei affiliato.

Naturalmente, visto che il tuo scopo principale sarà quello di pubblicizzare i prodotti a cui sei affiliato, occorre che l'utente visiti il sito web con il tuo codice di affiliazione. Questa è, infatti, la condizione indispensabile affinché il sistema riconosca l'affiliato e provveda, eventualmente, a emettere la commissione. Certamente non puoi far apparire nel messaggio il tuo link da affiliato, che si traduce in una lunga sequenza di sigle e numeri: www.autostima.net/shopping/prodotto.php?id_prodotto=127&**pp =10808**. L'utente, infatti, farebbe fatica a ricordare il codice, potrebbe sbagliare alcune cifre oppure ometterlo e, in entrambi i casi, perderesti la provvigione. Inoltre il regolamento della Bruno Editore vieta di utilizzare il proprio dominio nei messaggi.

Pertanto è necessario che tu faccia un piccolissimo investimento, acquistando un sito web. Sul sito di Aruba costano pochissimo, circa 20 euro all'anno: due caffè al mese! Per questa cifra, ti offrono la registrazione del dominio, cinque caselle di posta elettronica e spazio web illimitato.

La scelta del nome del sito è fondamentale. In termini di marketing è un'operazione definita come **naming**. Ti consiglio di scegliere una parola non troppo lunga, facile da ricordare, magari priva di significato, poiché sarebbe difficile trovare liberi domini con nomi comuni, ad esempio "cellulari.it". Dedica un bel po' di tempo alla scelta del nome del sito, poiché resterà tuo per sempre e dovrà rappresentare il tuo marchio di affiliato.

Esiste un sito molto simpatico e utile per la generazione del naming e per la verifica della disponibilità del sito: FREE Online Naming.

FREE Online Naming
Name your business, product or Website

1. Type a word, syllable or letter(s):
2. Combine your entry with: Common Words
3. Number of syllables desired: 1
4. Your entry will appear on the: Left Side Right Side
5. If you are naming a web site, add: none
6. Display 51 names per page
7. Find Names

In questo sito ti sarà richiesto di inserire le seguenti informazioni:

1. type a word, syllable or letter(s);
2. combine your entry with;
3. number of syllables desired;
4. your entry will appear on the;
5. if you are naming a web site, add;
6. display names per page;
7. find names.

Il primo campo richiede una parola, una sillaba o una lettera: ti consiglio di impostarla in modo che sia attinente al prodotto. Il secondo campo chiede come combinare il termine indicato: con una rima, una parte della parola, un suffisso.

Il terzo campo richiede il numero delle sillabe, mentre il quarto chiede se la parola indicata deve apparire a destra o a sinistra. Il quinto campo chiede l'estensione del sito, il sesto richiede il numero di risultati per pagina e, infine, il pulsante avvia la ricerca del naming.

Mettiamo che tu abbia acquistato il dominio "miosito.it". Per l'utente sarà sicuramente molto più semplice ricordare questo nome piuttosto che quello composto da sigle e codici di cui sopra. Non farti spaventare dall'idea di gestire un sito internet: grazie alle istruzioni che ti illustrerò in seguito sarà semplicissimo.

La prima pagina che il sito aprirà quando un utente digiterà il tuo dominio sarà index.htm. Puoi creare un file del genere anche con il "blocco note" installato su Windows. All'interno del file dovrai scrivere la seguente istruzione html: <META HTTP-EQUIV="REFRESH"CONTENT="0;URL=http://www.autostima.net/shopping/prodotto.php?id_prodotto=127&pp=(inserisci il codice di affiliazione)">

Questa istruzione, che tecnicamente si chiama "redirect" o "reindirizzamento", servirà a trasferire l'utente sul link indicato che ti ho posto in grassetto. In questo caso, lo trasferirà verso la pagina del prodotto della Bruno Editore con il codice di affiliazione.

Per "trasferire" le pagine web dal tuo computer verso il tuo sito internet, devi innanzitutto scaricare un programma FTP, acronimo per "file transfer protocol", cioè "protocollo di trasferimento file". In rete ne esistono tantissimi in versione freeware. Ti consiglio di scaricare FileZilla che presenta un funzionamento semplicissimo.

Una volta installato e lanciato il programma, nella finestra principale dovrai compilare i seguenti campi:

- indirizzo: ad esempio "miosito.it";
- utente: la tua login fornita dal provider del sito;
- password: fornita sempre dal provider.

Dopo aver compilato questi campi, potrai cliccare su "connessione veloce" e il programma mostrerà l'elenco dei file presenti sul tuo sito. A questo punto, con un'operazione di "trascinamento", potrai copiare i file dal tuo computer, sito locale, verso il tuo sito web, sito remoto.

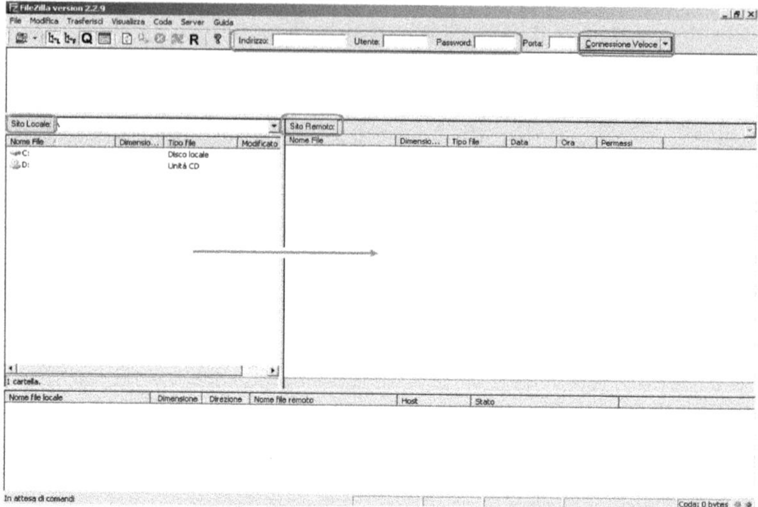

SEGRETO n. 23: pubblicizza negli SMS il tuo sito web di appoggio e cura che abbia un redirect verso il link del prodotto a cui sei affiliato.

Ricorda di non impostare mai un redirect verso il catalogo intero di tutti i prodotti: rischieresti che l'utente si perda. Meglio indirizzarlo direttamente alla pagina del prodotto specifico. Quindi pubblicizza il link inerente al prodotto specifico che tu hai sponsorizzato e indirizzalo direttamente nella pagina di vendita di quello specifico prodotto, non all'intero catalogo.

Questa tecnica è fondamentale. Quando mi sono occupato di pubblicizzare prodotti con Google AdWords, ho notato che le vendite erano maggiori quando il cliente andava nella pagina del prodotto specifico, anziché su quella dell'intero catalogo. Naturalmente, per guadagnare tanto devi iscriverti a tanti programmi di affiliazione e pubblicizzare tanti loro prodotti, ma hai posto il tuo sito, che nell'esempio abbiamo denominato "miosito.it", come redirect verso un determinato ebook della Bruno Editore e non puoi di certo comprare un sito web per ogni prodotto che hai intenzione di vendere. Arriveresti a centinaia di siti web, con conseguenti costi elevati!

SEGRETO n. 24: pubblicizza sempre il link che porta al prodotto interessato specifico e non all'intero catalogo.

A questo proposito, ti spiego un altro sistema per pubblicizzare tanti prodotti con lo stesso sito web. Questo sistema consiste nel creare tante cartelle all'interno del tuo sito web, una per ogni prodotto che vendi. Ad esempio, potresti creare una cartella "fotografia" e porre al suo interno la pagina web "index.htm" che abbia un redirect verso un manuale di fotografia che vendi con il

tuo codice di affiliazione, come ti ho mostrato in precedenza. Poi, mettiamo che tu sia interessato a vendere un altro manuale, ad esempio: *Guida al Bricolage*. Potresti creare un'altra cartella denominata "bricolage", dove porrai un altro file index.htm che abbia un ulteriore codice di redirect:
<META HTTP-EQUIV="REFRESH" CONTENT="0; URL= http://www.abcd.it">.

Anche in questo caso, nel parametro "url", dovrai indicare il link della guida in vendita con il tuo codice di affiliazione. In questo modo potrai creare tanti messaggi per tantissimi tipi di prodotti differenti e, al termine, puoi pubblicizzare: «Visita il sito: www.miosito.it/fotografia.» per pubblicizzare il manuale di fotografia; oppure: «Visita il sito: www.miosito.it/bricolage.» per pubblicizzare la guida al bricolage.

SEGRETO n. 25: crea, nel sito di appoggio, tante cartelle, una per ogni prodotto in vendita; in ognuna deve esserci il file index con il redirect verso il corrispondente link con codice di affiliazione.

Aggiungiamo ora, al precedente messaggio pubblicitario il link della pagina di vendita: «Scopri come conquistarla anche quando lei pensa che non sei il suo tipo. Ebook 325 pagine. Garanzia 100 per cento Omaggio. Visita il sito: www.zefirante.it/seduzione.» Come vedi, con soli 156 caratteri hai realizzato una completa ed efficiente campagna di marketing.

Con tutti i programmi di affiliazione che ti ho illustrato avrai davvero tanti prodotti e servizi da pubblicizzare. Ad esempio potresti sponsorizzare il servizio di assicurazioni, programma di affiliazione offerto da Tradedoubler, con un messaggio simile: «Risparmia fino a 300 euro sulla polizza Auto. Assicurazioni RCA + furto e incendio. Inoltre preventivo online gratis! Visita www.miosito.it/assicurazioni.» Come vedi, con 153 caratteri sono riuscito a descrivere il servizio, a illustrare i vantaggi, a rassicurare l'utente e a pubblicizzare il link della pagina web.

Un altro importantissimo programma di affiliazione è quello dei viaggi last minute. Ecco un messaggio vincente e completo per pubblicizzare quest'altro servizio: «Con i last minute parti subito e paghi la metà! Scegli tra 50.000 hotel. Inclusa assicurazione medico/bagaglio e annullamento. Vai su www.miosito.it/lastminute.» Ancora una volta, e con soli 158 caratteri, avresti a disposizione un perfetto messaggio pubblicitario adatto a motivare, informare e rassicurare l'utente che lo legge.

Per quanto riguarda la lunghezza degli SMS, ti spiego un semplice e utilissimo trucchetto per conoscere immediatamente il numero dei caratteri del tuo messaggio pubblicitario. Ti sarà utile per sapere rapidamente se aggiungere o togliere qualche parola dal tuo messaggio e far sì che rientri nei 160 caratteri.

Per realizzare questa tecnica dovrai aprire Microsoft Excel, sicuramente presente nel tuo PC. In una cella qualsiasi, mettiamo nella prima in alto a sinistra, cella A1, digiterai il testo del messaggio pubblicitario. In un'altra, a scelta, dovrai inserire una formula, con la seguente sintassi: =LUNGHEZZA(A1)

Questa formula restituisce, appunto, la lunghezza del testo della cella indicata all'interno delle parentesi tonde, in questo caso "A1".

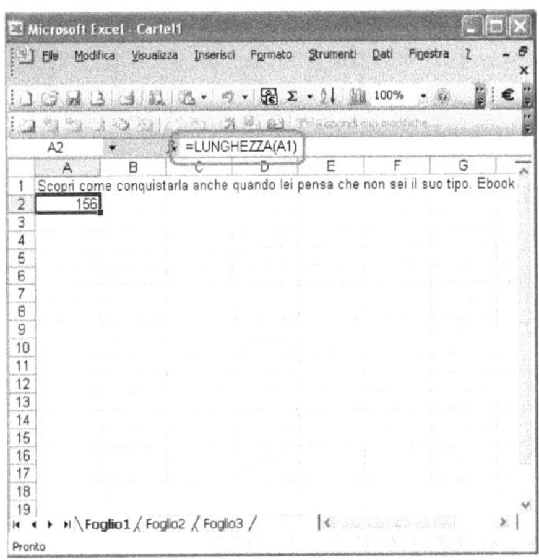

Un'altra tecnica che potresti sfruttare per conoscere immediatamente la lunghezza di un messaggio, utilizza Microsoft Word. Consiste nello scrivere, in un documento Word, il tuo messaggio; dopodiché dovrai selezionarlo, tenendo premuto il tasto sinistro del mouse, e scegliere l'opzione "conteggio parole" dal menù "strumenti". A questo punto si aprirà una piccola finestra con diverse cifre, tra cui quella che ti interessa, cioè "caratteri (spazi inclusi)" che ti indicherà appunto la lunghezza del tuo messaggio.

Scopri come conquistarla anche quando lei pensa che non sei il suo tipo. Ebook 325 pagine. Garanzia 100% Omaggio. Visita il sito: www.zefirante.it/seduzione

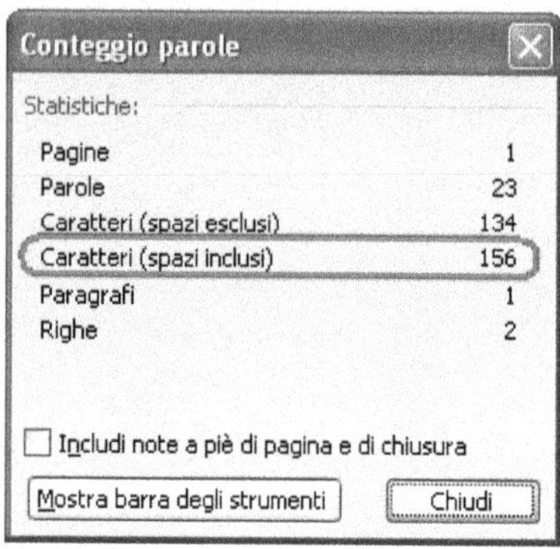

Non sei bravo a scrivere messaggi? Non c'è problema: ti illustrerò la procedura che ho pubblicato nel mio ebook *Guadagnare con Emule e YouTube*, per studiare il mercato pubblicitario di Google e per scoprire degli ottimi messaggi vincenti. Il sistema è semplicissimo, ma molto efficace.

Attraverso Google, effettua una ricerca indicando la parola chiave relativa all'argomento del prodotto in questione. La ricerca ti restituirà sicuramente come risultati anche degli annunci sponsorizzati, presenti nella colonna a destra, e potrai ispirarti a uno di essi. I primi che appariranno saranno sicuramente annunci vincenti, poiché Google non favorisce solo il costo della pubblicità, ma anche il numero di click che gli annunci ricevono.

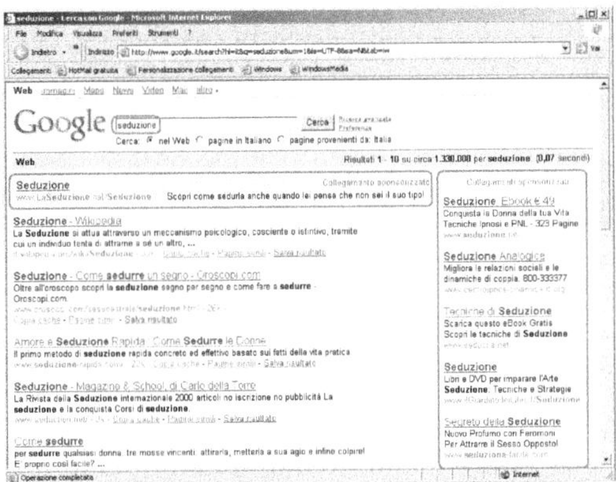

SEGRETO n. 26: scrivi messaggi vincenti, ispirandoti a quelli sponsorizzati su Google.

Questa tecnica, oltre a ispirarti ottimi messaggi pronti, può esserti anche utile a capire come strutturare testi pubblicitari vincenti, attraverso il **modellamento**. Il modellamento viene in aiuto in svariati settori e anche nell'ambito dei messaggi pubblicitari è una strategia da prendere assolutamente in considerazione.

Innanzitutto, cosa è il modellamento? Si tratta di uno straordinario strumento di studio delle persone di successo, per acquisire le loro strategie, nuove abilità concrete nel nostro lavoro o nella nostra vita di relazione. Il modellamento consente di raggiungere l'eccellenza modellando le persone più illustri in ogni settore. In questo modo avrai la possibilità di risparmiare tantissimo tempo, **imparando dagli errori degli altri e utilizzando strategie già ottimizzate**.

Naturalmente, in questo capitolo non ti illustrerò come fare per modellare gli altri nell'ambito generico della crescita personale, professionale o finanziaria, poiché non è argomento di mia competenza. Piuttosto ti illustrerò alcune tecniche per applicare il modellamento all'ambito dell'SMS marketing.

Probabilmente ti chiederai perché modellare gli altri messaggi pubblicitari. Forse le nozioni fornite in questa guida non sono sufficienti? Le strutture proposte sono inadeguate? La risposta è molto semplice. Gli strumenti proposti sono validi ma c'è sempre da imparare in un mercato in continua evoluzione. Come ti accennavo nelle pagine precedenti, l'SMS marketing è un fenomeno che ha sperimentato una crescita esponenziale. In origine "SMS" e "marketing" erano termini sconosciuti, e poche persone, con tecniche anche scadenti, riuscivano a trarre profitti da questa nuova forma pubblicitaria.

La stessa cosa successe, alle origini, per posizionare le pagine web nei motori di ricerca utilizzando un sistema definito "SEO", cioè "search engine optimizator", ovvero ottimizzatore per i motori di ricerca. All'inizio, per posizionare un sito su un motore di ricerca, era sufficiente indicare qualche parola chiave, non troppo generica, in apposite parti del codice html di una pagina web. Oggigiorno è molto difficile. C'è una concorrenza spietata. Le pagine web sono milioni e bisogna affidarsi a raffinate strategie e tecniche SEO per posizionarsi nel web.

Con il tempo si scoprì che il posizionamento aumentava con una buona densità di parole chiave nelle pagine. Poi non fu più sufficiente. Si scoprì l'importanza dei link che puntavano alle pagine. E anche questo non bastò più. Quindi per il SEO occorrono tecniche in continua evoluzione, tanto che se un giorno risulti tra i primi posti nei motori di ricerca, in un altro giorno puoi perdere il tuo buon posizionamento.

Lo stesso discorso vale per l'SMS marketing. In questo mercato la concorrenza è in continua espansione e anche in questo caso occorrono strategie e tecniche in continua evoluzione. In questo ebook troverai le migliori strategie del momento. Inoltre la Bruno Editore ti fornirà gratuitamente la nuova edizione di questo ebook nel caso di revisioni. Ma, nel frattempo, ti offro le strategie per far sì che tu stesso sia **sempre** un passo avanti rispetto alla concorrenza. E per fare ciò dovrai servirti delle tecniche di modellamento.

SEGRETO n. 27: il modellamento consente di risparmiare tempo, imparare dagli errori altrui e utilizzare strategie già ottimizzate.

In seguito ti illustrerò alcuni casi di studio di SMS pubblicitari di successo. Non ti mostrerò questi messaggi per copiarli. C'è una bella differenza tra copiare e modellare. Ti farò capire quali sono i fattori che li hanno resi interessanti, e grazie ai quali hanno ottenuto un ottimo ritorno economico.

Iniziamo dagli esempi proposti nel sito della Leader Mobile:

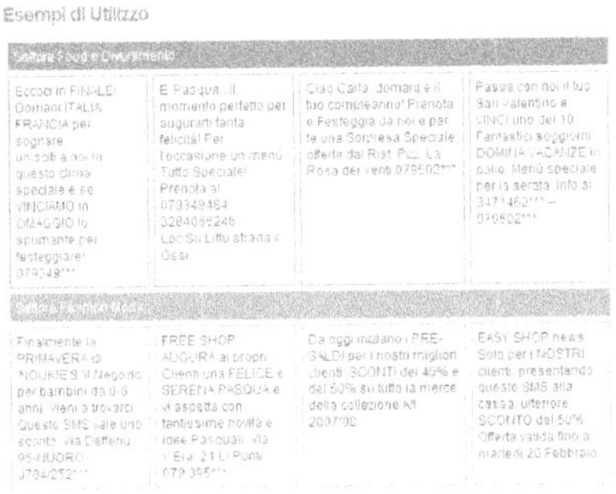

Esempi di Utilizzo

Settore Food e Divertimento			
Eccoci in FINALE! Domani ITALIA FRANCIA per sognare, unisciti a noi in questo clima speciale e se VINCIAMO in OMAGGIO lo spumante per festeggiare! 079349***	E Pasqua...il momento perfetto per augurarti tanta felicità! Per l'occasione un menù Tutto Speciale! Prenota al 079349464 3284065246 Loc Su Littu strada x Ossi	Ciao Carla, domani è il tuo compleanno! Prenota e Festeggia da noi e per te una Sorpresa Speciale offerta dal Rist. Pizz. La Rosa dei Venti 079502***	Passa con noi il tuo San Valentino e VINCI uno dei 10 Fantastici soggiorni DOMINA VACANZE in palio. Menù speciale per la serata. Info al 3471462*** – 079502***
[illegible]			
Finalmente la PRIMAVERA di NOUKIE'S il Negozio per bambini da 0-6 anni. Vieni a trovarci. Questo SMS vale uno sconto. Via Deffenu 95-NUORO-0784/252***	FREE SHOP AUGURA ai propri Clienti una FELICE e SERENA PASQUA e vi aspetta con tantissime novità e idee Pasquali. Via V.Era 21 Li Punti 079 395***	Da oggi iniziano i PRE-SALDI per i nostri migliori clienti. SCONTI del 40% e del 50% su tutta la merce della collezione A/I 2007/08	EASY SHOP news: Solo per i NOSTRI clienti, presentando questo SMS alla cassa, ulteriore SCONTO del 50%. Offerta valida fino a martedì 26 Febbraio

Il primo messaggio rientra nella categoria della ristorazione e del divertimento: «Passa con noi il tuo San Valentino e VINCI uno dei 10 Fantastici soggiorni DOMINA VACANZE in palio. Menù speciale per la serata. Info al 3471462*** – 079502***.» Cosa si impara da questo messaggio? Una cosa importantissima: **sfruttare le occasioni per pubblicizzare un prodotto o un servizio** attinente a una ricorrenza. La stessa Bruno Editore, ad esempio, in occasione dell'inizio dell'anno scolastico pubblicizza ebook sull'apprendimento.

Un altro SMS pubblicitario che potresti prendere ad esempio, che riguarda il settore "moda", è il seguente: «Da oggi iniziano i PRE-

SALDI per i nostri migliori clienti: SCONTI del 40 per cento e del 50 per cento su tutta la merce della collezione A/I 2007/08.» Questo messaggio pubblicitario fa leva su parole come: "**promozioni**", "**offerte**", "**sconti**" e "**saldi**", che riescono a motivare l'utente all'acquisto di un prodotto.

Passiamo ora a un messaggio relativo al settore automobilistico: «Domani e domenica scopri la nuova gamma MEGANE! Berlina per i giovani e Grandtour per la famiglia. Un Simpatico OMAGGIO ti aspetta nelle sedi RENAULT di FIRENZE.» Anche in questo caso è stata usata un'importante parola chiave: **omaggio**. È importante "regalare" qualcosa all'utente, è un'ottima strategia di marketing. Potresti, ad esempio, regalare una piccola guida elettronica di trucchi per iPod della Apple. In rete, facendo ricerche su Google, troverai tantissimi trucchi per utilizzare al meglio gli iPod, ad esempio: come raddoppiare la durata della batteria oppure come entrare nel menù segreto. Al termine, potresti pubblicizzare l'ultimo modello di iPod, suggerendo il tuo link di affiliato.

Nel capitolo precedente, mentre ti parlavo del programma di

affiliazione di ClickBank, ti illustravo anche la possibilità di pubblicizzare i prodotti all'estero, magari con SMS in lingua **inglese**. Pubblicizzare prodotti internazionali è davvero un ottimo vantaggio. Infatti l'inglese è la seconda lingua più parlata al mondo: è usata da circa 1 miliardo di persone, mentre l'italiano viaggia intorno ai 70 milioni. In proporzione, avresti una potenziale clientela superiore di quindici volte a quella italiana.

Non deve spaventarti l'idea di creare un messaggio in lingua inglese: puoi tradurre rapidamente un testo in inglese utilizzando il traduttore di Google.

SEGRETO n. 28: rendi "internazionale" il tuo business traducendo i messaggi pubblicitari in inglese.

Anche per trovare annunci in inglese puoi usare le stesse tecniche di ricerca illustrate in precedenza, ma questa volta utilizzando termini stranieri: earn (guadagnare), make money (fare soldi), seduction (seduzione) ecc. Se non sei tanto bravo in inglese, puoi sfruttare questo breve dizionario con la traduzione delle principali parole chiave dei più diffusi argomenti trattati:

fare soldi = make money

guadagnare = earn

denaro = money

ricchezza = wealth

pubblicità = advertising

vendere = sell

seduzione = seduction

segreto = secret

PNL = NLP

linguaggio del corpo = body language

parlare in pubblico = public speaking

RIEPILOGO DEL GIORNO 4:

- SEGRETO n. 21: per indurre, con il messaggio, all'acquisto di un prodotto dovrai motivare, informare e rassicurare l'utente.
- SEGRETO n. 22: negli SMS pubblicitari non indicare il prezzo del prodotto.
- SEGRETO n. 23: pubblicizza negli SMS il tuo sito web di appoggio e cura che abbia un redirect verso il link del prodotto a cui sei affiliato.
- SEGRETO n. 24: pubblicizza sempre il link che porta al prodotto interessato specifico e non all'intero catalogo.
- SEGRETO n. 25: crea, nel sito di appoggio, tante cartelle, una per ogni prodotto in vendita; in ognuna deve esserci il file index con il redirect verso il corrispondente link con codice di affiliazione.
- SEGRETO n. 26: scrivi messaggi vincenti, ispirandoti a quelli sponsorizzati su Google.
- SEGRETO n. 27: il modellamento consente di risparmiare tempo, imparare dagli errori altrui e utilizzare strategie già ottimizzate.
- SEGRETO n. 28: rendi "internazionale" il tuo business traducendo i messaggi pubblicitari in inglese.

GIORNO 5:
Creare rapidamente MMS pubblicitari

Come ti accennavo nelle prime pagine, la strategia di marketing per pubblicizzare prodotti e servizi illustrata in questa guida non riguarda solo i messaggi testuali, ovvero gli SMS. Esiste anche la possibilità di creare campagne pubblicitarie grafiche attraverso gli **MMS**. Gli MMS sono messaggi multimediali costituiti da immagini, audio, video e testo formattato. Probabilmente li avrai usati da cliente, per inviare a un amico una foto oppure un video tramite cellulare. Nell'ambito del marketing gli MMS offrono un grandissimo vantaggio: forniscono un **impatto maggiore** al potenziale cliente.

SEGRETO n. 29: gli MMS pubblicitari hanno un forte impatto sul cliente.

Vi è però lo svantaggio del costo che, ovviamente, è maggiore rispetto a quello degli SMS. La Leader Mobile offre questo servizio, e fino a poco tempo fa un MMS targhettizzato costava il doppio rispetto a quello di testo. In ogni caso, nell'ultimo capitolo, riguardante il bluetooth marketing, scoprirai che il prezzo potrà non essere un problema, visto che avrai la possibilità di inviare MMS gratis in quantità illimitate!

Per ora occupiamoci della progettazione e realizzazione di un messaggio grafico pubblicitario. Innanzitutto devi sapere che esistono due tipi di MMS pubblicitari: quelli statici e quelli animati. Gli MMS statici sono costituiti da una singola immagine e sono paragonabili a un volantino pubblicitario. Quelli dinamici sono costituiti da più foto insieme, che, fatte sfogliare secondo una tempistica, danno l'impressione di un'immagine animata.

Ti dico subito che ci occuperemo della seconda categoria, cioè degli **MMS dinamici**, poiché hanno maggiore effetto e riescono ad "attirare" di più l'utente. Inoltre, con più immagini a disposizione, avrai la possibilità di comunicare un maggior numero di "informazioni" all'utente che guarda il messaggio.

SEGRETO n. 30: progetta e realizza MMS dinamici in modo

che risultino animati.

Le “regole” da seguire per strutturare un MMS pubblicitario di successo sono analoghe a quelle che si usano per la progettazione di un layout pubblicitario. Il layout pubblicitario è la bozza dell’annuncio pubblicitario con le illustrazioni e i testi che saranno presenti nell’annuncio stesso. Normalmente viene utilizzato nella pubblicità giornalistica. Di regola, un layout pubblicitario deve contenere i seguenti elementi, nell’ordine qui indicato:

1. la headline (attrazione);
2. la visual (attrazione e racconto);
3. il pack shot (attrazione e racconto);
4. il bodycopy (racconto);
5. il pay off o baseline (azione).

La **headline** è il titolo che apre la campagna pubblicitaria, necessario per attirare l’attenzione del lettore. È costituita da poche parole e, in genere, non contiene verbi. Ad esempio: «RENDITE SENZA INVESTIMENTI.» Il carattere è diverso rispetto alle altre parti del testo dell’annuncio: in genere è più grande.

La **visual** aiuta la parte attrattiva e il racconto. È costituita dalla fotografia di un soggetto, necessaria per attirare l'attenzione del lettore. Nel caso dei tuoi prodotti, non è assolutamente necessario inserire la visual, mentre è imprescindibile il **pack shot**, cioè la fotografia del prodotto da promuovere, ad esempio:

Il **bodycopy** costituisce la parte principale del racconto. Nel bodycopy si descrivono i dettagli, le caratteristiche e i benefici del prodotto o servizio da promuovere.

Infine c'è il **pay off** o baseline, cioè la frase che deve convincere il lettore ad acquistare il prodotto o il servizio pubblicizzato. In genere, a fianco del pay off si pone il logo dell'azienda produttrice.

SEGRETO n. 31: un MMS pubblicitario deve essere strutturato in cinque parti: headline, visual, pack shot, bodycopy e pay off.

Noterai che c'è molta analogia tra queste tecniche di pubblicità giornalistica e la struttura delle pagine di vendita per la promozione di prodotti su piattaforma online che ti ho illustrato in precedenza:

- attrazione = motivare;
- racconto = informare;
- azione = rassicurare.

Quindi, promuovendo i prodotti della Bruno Editore, che utilizzano questa strategia, sarai molto avvantaggiato, poiché avrai già a disposizione degli efficientissimi minisiti di vendita cui ispirarti per realizzare i tuoi MMS pubblicitari.

Tornando alla struttura degli MMS pubblicitari, potresti associare a ciascuno di questi elementi: headline, visual, pack shot, bodycopy e pay off, una o più immagini. Per avere un'idea pratica di come strutturare un MMS pubblicitario, ti consiglio di dare uno sguardo ad alcuni MMS pubblicitari, presenti nel sito della Leader Mobile: questi.

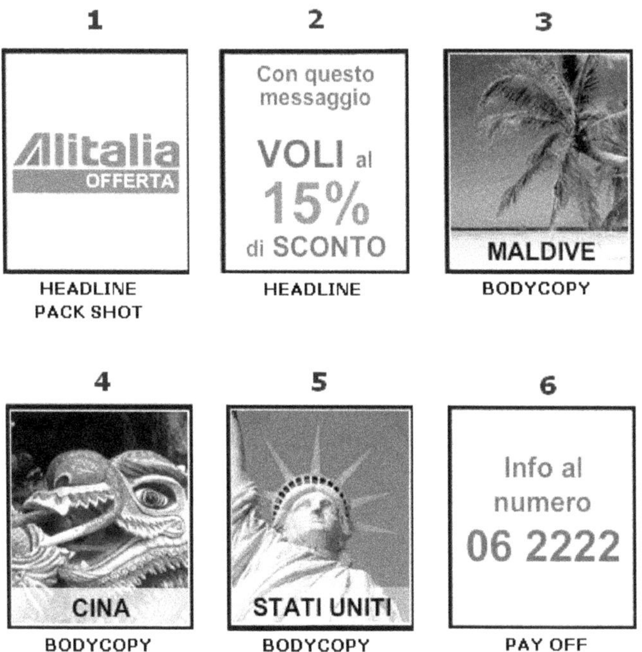

Ora che hai le basi per impostare un MMS pubblicitario, e cioè sai come strutturare il testo e produrre le immagini per realizzare una campagna vincente, puoi passare alle tecniche di realizzazione. Ad ogni modo, ti consiglio di partire sviluppando, su un foglio di carta, uno schizzo del tuo progetto.

I programmi per la gestione della grafica si dividono in due categorie: la grafica pittorica e quella vettoriale. Un'immagine pittorica, ad esempio una foto, è costituita da un insieme di pixel. Il pixel rappresenta un puntino. È l'elemento grafico più piccolo che si possa avere. Un'immagine pittorica è costituita da tantissimi pixel indipendenti tra loro: pertanto è quasi impossibile modificarla a mano puntino per puntino. Per farlo è necessario servirsi di programmi di fotoritocco. Il più importante è Corel PhotoPaint.

Un'immagine vettoriale, a differenza di quella pittorica, è costituita non da pixel, ma da vari elementi: ad esempio forme geometriche, linee, cerchi ecc. che, come tali, possono essere facilmente modificati. La **grafica vettoriale** è quella che ti interessa e fa al tuo caso.

SEGRETO n. 32: realizza le immagini che compongono l'MMS pubblicitario con software di grafica vettoriale.

Quindi dovresti acquistare un programma che gestisca la grafica vettoriale, ad esempio il Corel Draw, e fare un corso. Magari, per risparmiare tempo, puoi seguire un corso online, come quello offerto dal sito HTML.

Naturalmente vai incontro a una spesa economica per l'acquisto del Corel Draw, e a un costo anche in termini di tempo, per imparare questo programma. Per quanto riguarda l'acquisto del software, potrei consigliarti alcuni programmi freeware, tra cui: Inkscape e Artweaver. Ma non presentano le stesse funzioni del potentissimo Corel Draw e comunque resterebbe il problema di imparare a usarli.

Per risolvere entrambi i problemi, ti consiglio di sfruttare un programma semplicissimo che sicuramente possiedi sul tuo PC, cioè il Publisher o addirittura l'Excel, e di seguire la breve serie di tecniche di grafica pubblicitaria che ti illustrerò in seguito. Risparmierai tempo e soldi e otterrai ottimi risultati.

SEGRETO n. 33: l'Excel può essere utilizzato come strumento di grafica vettoriale in modo semplice, economico

ed efficace.

Innanzitutto, nella grafica, lo **spazio bianco** è di fondamentale importanza. Infatti, se ci fai caso, le pubblicità di prodotti costosi sono caratterizzate da una massiccia presenza di spazi bianchi e da pochi elementi di testo e immagini. Inoltre è meglio evitare sfondi elaborati, che spesso sforzano solo l'occhio del lettore. È inutile riempire il tuo MMS pubblicitario di immagini e clipart non attinenti: meglio inserirne al massimo un paio, magari la foto del prodotto e il logo dell'azienda fornitrice.

SEGRETO n. 34: non utilizzare troppi elementi negli MMS pubblicitari, favorisci lo spazio bianco.

Per quanto riguarda il testo, non bisogna mai utilizzare troppi colori, come per tutta l'immagine. E assicurati, per aumentare la leggibilità, che vi sia un buon **contrasto** tra il colore del testo e quello dello sfondo. Ad esempio, queste combinazioni sono errate poiché, come vedi, risultano poco leggibili:

Rosso su Verde Blu su Rosso

Invece, le più leggibili sono:

Prova **Prova** **Prova** **Prova** **Prova** **Prova**

È inoltre importante conoscere la “psicologia dei colori”. Se cerchi questa espressione nei motori di ricerca troverai tanti articoli in proposito. Ad esempio, ti segnalo il seguente: **www.disinformazione.it**. Quest’articolo spiega il significato psicologico di ciascun colore. Conoscerlo può essere molto utile per scegliere e abbinare un colore che sia espressivo per l’oggetto pubblicizzato.

Anche per il carattere vale la stessa regola dei colori: **mai usarne troppi tipi**. L’ideale sarebbe utilizzare unicamente il font “verdana” che è abbastanza leggibile. Creano difficoltà nella lettura anche i testi con caratteri tutti maiuscoli; specie nei casi di descrizioni. Meglio evitarli, come pure bisogna escludere lo stile corsivo, ovvero quello leggermente inclinato. Ricorda inoltre che il testo deve attirare, ma nello stesso tempo deve essere molto breve.

Un altro accorgimento da adottare nel testo è **l’effetto**

antialiasing. L'effetto antialiasing è una tecnica molto utilizzata nell'ambito della grafica pubblicitaria, che consente una maggiore leggibilità del testo ottenuta modificando il colore del suo bordo.

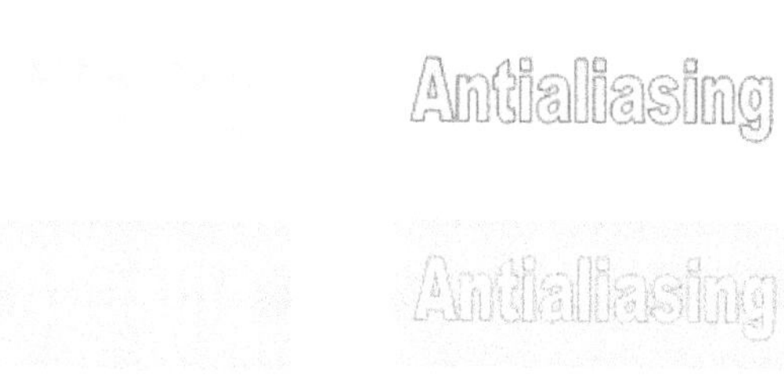

Nelle pagine successive, scoprirai come modificare il colore del bordo del testo per ottenere l'effetto l'antialiasing.

SEGRETO n. 35: il testo dell'MMS pubblicitario deve essere breve, deve attirare, deve avere pochi colori, ottimo contrasto, font leggibile e deve avere l'effetto antialiasing.

Passiamo alla pratica. Come ti ho precedentemente illustrato, puoi realizzare in modo molto efficiente le varie immagini che compongono l'MMS pubblicitario anche con l'Excel del pacchetto Office. Questo programma, oltre a essere un potentissimo software per la gestione dei calcoli, possiede tutti gli strumenti base per la gestione di immagini e testo.

Vediamo come fare. Innanzitutto, devi far apparire la barra degli strumenti dei disegni scegliendo, dal menù, le opzioni: visualizza → barra degli strumenti → disegno:

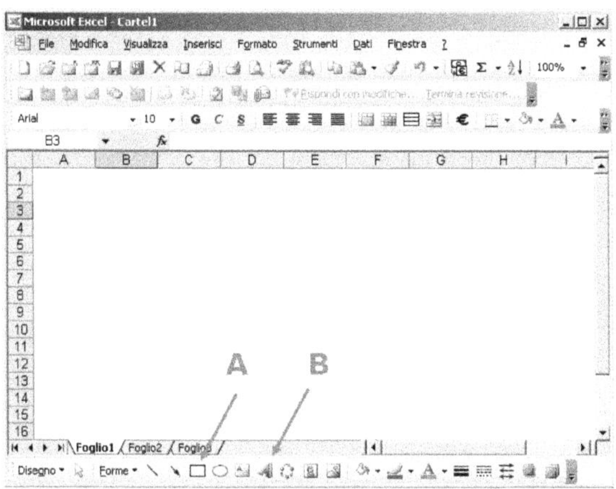

Come vedi, hai a disposizione tanti strumenti per realizzare le immagini del tuo MMS pubblicitario. Puoi iniziare a cliccare il pulsante “A” per disegnare un rettangolo che costituirà il contorno dell’immagine. Una volta aggiunto un rettangolo nel foglio di lavoro, potrai modificarlo cliccando con il tasto destro del mouse su di esso e scegliendo l'opzione "formato forme". A questo punto si aprirà una finestra che ti permetterà di modificare le varie caratteristiche: il colore del bordo e del riempimento, le dimensioni ecc.

È importante regolare le dimensioni del rettangolo principale, che costituirà il contorno dell'MMS, con determinati valori. In teoria non ce ne sarebbe bisogno poiché i moderni cellulari "adattano" le dimensioni dell'immagine secondo quelle del proprio display. In ogni caso ti consiglio di inserire un rettangolo di 5 cm di altezza per 4 cm di larghezza, in modo che l'immagine avrà pressappoco le dimensioni standard di un MMS, pari a 150x200 pixel.

Successivamente, puoi passare all'inserimento del testo, cliccando il pulsante "B" (WordArt) con cui puoi scegliere una vasta raccolta di testi a effetto grafico. Anche in questo caso potrai modificare le caratteristiche del testo, dopo averlo aggiunto nel foglio di lavoro. Per fare ciò dovrai cliccare il tasto destro del mouse sul testo e scegliere l'opzione "formato WordArt".

A questo punto si aprirà una finestra con cui potrai modificare le varie caratteristiche: colore del bordo, per ottenere l'effetto antialiasing, colore del riempimento, dimensioni ecc. Infine, puoi aggiungere le varie immagini. Se possiedi i file delle immagini puoi inserire una di esse nel foglio di lavoro, con le opzioni: inserisci → immagine → da file.

Oppure, se, ad esempio, devi pubblicizzare un prodotto, puoi prendere la corrispondente foto da internet, cliccando su di essa con il tasto destro del mouse e scegliendo l'opzione "copia". Poi riapri il foglio Excel e inseriscila all'interno scegliendo l'opzione: modifica → incolla.

Tutti gli elementi del foglio Excel, cioè immagini e WordArt, possono essere spostati e ridimensionati con l'ausilio del mouse a tuo piacimento. Segui le regole base di grafica pubblicitaria che ti ho illustrato in precedenza e avrai come risultato le immagini di un MMS pubblicitario degno di una grande azienda.

Dopo aver composto le varie immagini dell'MMS pubblicitario con l'Excel, non dovrai fare altro che trasformarle in un'immagine animata. Non spaventarti: si tratta di un'operazione estremamente semplice. Innanzitutto dovrai premere il tasto "stamp" presente nella tastiera del tuo PC. Successivamente, dovrai aprire il programma "Paint" fornito da Windows: si trova nella cartella "accessori" del menù avvio. Con questo programma dovrai cliccare l'opzione "incolla" presente nel menù "modifica". A questo punto apparirà l'intera schermata del foglio Excel convertita in immagine.

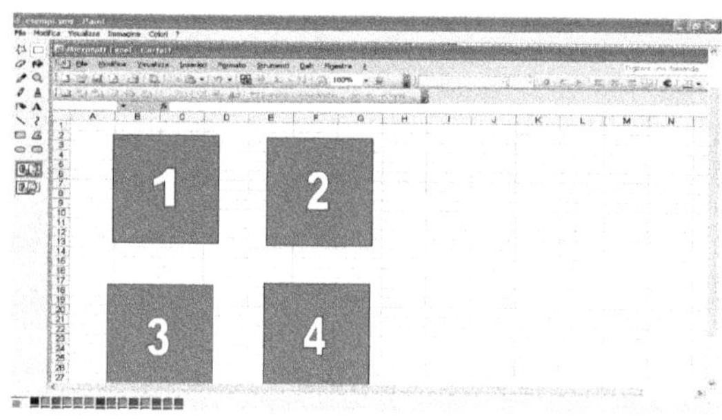

Ora non dovrai fare altro che creare un file ".bitmap" per ogni immagine disegnata nel foglio Excel. Mi spiego meglio. Partendo dalla prima immagine, dovrai spostare la parte "incollata" in precedenza, tenendo premuto il tasto sinistro del mouse e rilasciarlo quando sarai arrivato in alto a sinistra dell'area di lavoro di Paint:

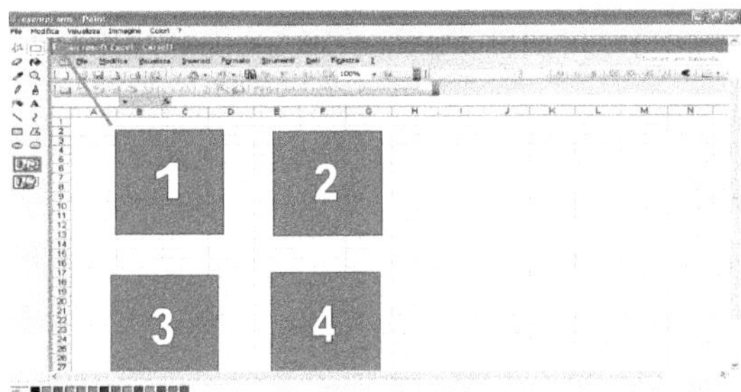

A questo punto dovrai dimensionare l'area di lavoro del Paint affinché si veda solo l'immagine interessata. Per fare questo, dovrai tener premuto il pulsante sinistro del mouse sul quadratino blu che delimita l'immagine presente in basso a destra, e rilasciarlo quando avrai dimensionato correttamente l'immagine.

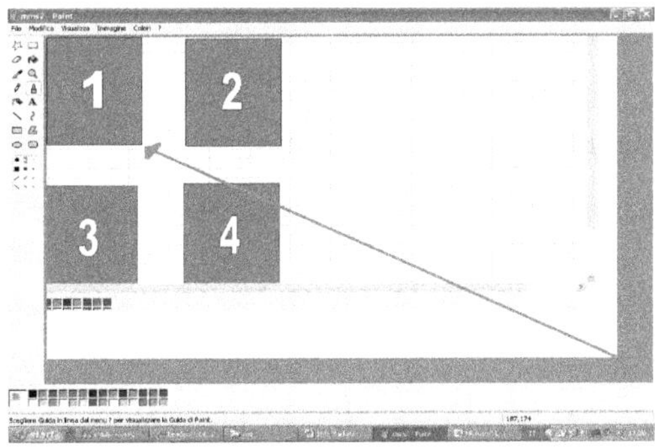

Fatto ciò, dovrai salvare il file in formato bitmap e ripetere l'operazione per le restanti immagini dell'MMS. Una volta che avrai ottenuto tutte le immagini che comporranno il tuo MMS pubblicitario, non dovrai fare altro che renderle "animate" e salvarle in un unico file.

Puoi effettuare questa operazione con un programma semplicissimo e molto efficace: Animagic. Cliccando il link che ti ho indicato, potrai scaricare la versione shareware di questo programma che funzionerà per trenta giorni, dopodiché potrai comprare la versione completa con pochi dollari.

La prima fase prevede di aggiungere nell'area di lavoro di Animagic tutte le immagini che costituiscono il tuo MMS pubblicitario. Per fare questa operazione dovrai cliccare sull'opzione "append frames", presente nel menù "file". A questo punto si aprirà una finestra da cui potrai scegliere il file che costituisce l'immagine. Fatto ciò ripeterai questa operazione per tutte le immagini del tuo MMS.

SEGRETO n. 36: crea un file bitmap per ogni immagine

dell'MMS e unisciliI tutti in un'unica GIF animata.

La fase successiva consisterà nello stabilire la **velocità** del passaggio da un'immagine all'altra. Puoi impostare questo parametro scegliendo l'opzione "frame rate" presente nel menù "animation". A questo punto si aprirà una finestra in cui potrai indicare, in millisecondi, la durata di visualizzazione delle singole immagini.

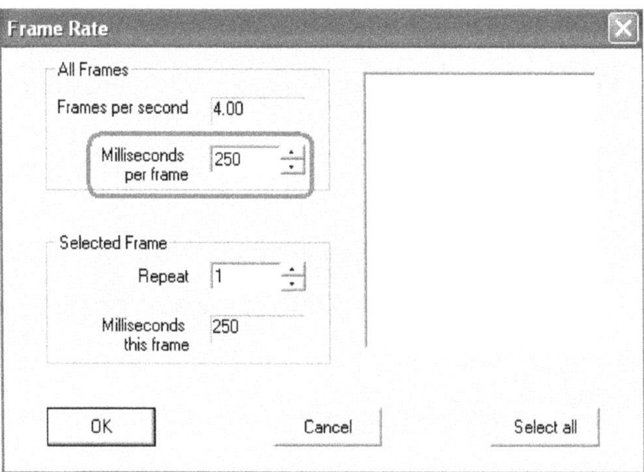

La durata deve tener conto principalmente dei tempi di lettura del testo, cioè dovrai dare all'utente il giusto tempo per leggere completamente il messaggio pubblicitario. Visto che ti ho detto che i messaggi devono essere brevi e coincisi, puoi impostare una durata media di 2000 millisecondi, pari a due secondi. Il tempo che imposterai varrà per tutte le immagini dell'MMS.

Però, se ti interessa far visualizzare qualche immagine per più tempo, puoi cambiare il parametro "repeat" presente in questa stessa finestra, che ripete la visualizzazione dell'immagine per il numero di volte che tu hai impostato. Mettiamo che tu abbia impostato un frame rate pari a 2000 millisecondi e che per un'immagine tu abbia impostato il repeat a 3: quest'ultima verrà visualizzata per sei secondi.

Per attirare maggiormente l'attenzione dell'utente, ti consiglio di utilizzare alcuni **effetti grafici**, che potrai inserire automaticamente scegliendone uno tra quelli presenti nel menù "effects": fade in, fade out, dissolve, banner scroll, wipe, spiral, blind. Fatte queste semplici operazioni, potrai già vedere il risultato del tuo MMS pubblicitario "animato", cliccando l'opzione "play" del menù "animation". A questo punto potrai salvare il tutto in un singolo file del tipo "GIF animato".

Un'altra regola è che l'MMS deve essere molto "leggero" in termini di **dimensioni**, per far sì che quando verrà inviato i tempi di trasmissione siano i più brevi possibile. Già salvando il file in formato GIF, esso avrà dimensioni molto ridotte, ma ti consiglio di diminuirla ulteriormente, cliccando l'opzione "reduce color depth", presente nel menù "animation". Questa funzione riduce i colori superflui delle immagini cercando di non alterarne il contenuto.

Un ultimo fattore da tenere in considerazione è la **durata dell'intera animazione**. Ti consiglio di far sì che abbia una durata inferiore ai dieci secondi e un numero di immagini inferiore a cinque.

SEGRETO n. 37: un buon MMS pubblicitario deve soddisfare i seguenti requisiti: velocità adatta ai tempi di lettura, effetti grafici, file di dimensioni leggere e durata breve.

RIEPILOGO DEL GIORNO 5:

- SEGRETO n. 29: gli MMS pubblicitari hanno un forte impatto sul cliente.
- SEGRETO n. 30: progetta e realizza MMS dinamici in modo che risultino animati.
- SEGRETO n. 31: un MMS pubblicitario deve essere strutturato in cinque parti: headline, visual, pack shot, bodycopy e pay off.
- SEGRETO n. 32: realizza le immagini che compongono l'MMS pubblicitario con software di grafica vettoriale.
- SEGRETO n. 33: l'Excel può essere utilizzato come strumento di grafica vettoriale in modo semplice, economico ed efficace.
- SEGRETO n. 34: non utilizzare troppi elementi negli MMS pubblicitari, favorisci lo spazio bianco.
- SEGRETO n. 35: il testo dell'MMS pubblicitario deve essere breve, deve attirare, deve avere pochi colori, ottimo contrasto, font leggibile e deve avere l'effetto antialiasing.
- SEGRETO n. 36: crea un file bitmap per ogni immagine dell'MMS e uniscili tutti in un'unica GIF animata.
- SEGRETO n. 37: un buon MMS pubblicitario deve soddisfare i seguenti requisiti: velocità adatta ai tempi di lettura, effetti grafici, file di dimensioni leggere e durata breve.

GIORNO 6:
Come trasformare gli hobby in business

Finora hai visto le migliori strategie per avviare con successo una rendita economica online, unendo l'SMS marketing con i programmi di affiliazione. A questo punto puoi scoprire come abbinare l'SMS marketing alla tua attività per incrementare i tuoi guadagni.

Naturalmente una cosa non esclude l'altra. Se possiedi una tua attività puoi tranquillamente incrementare i guadagni con i programmi di affiliazione online che, come hai visto, richiedono poco tempo. Se invece non hai una tua attività, probabilmente starai già pensando che puoi saltare questo capitolo, ma non è così! Sì, perché ti spiegherò come creare, senza "troppi impegni" e in modo molto semplice, un'attività tutta tua!

Sono sicuro che tu abbia almeno un hobby o un interesse verso una determinata cosa, e realizzare un'attività online riguardante la tua passione è proprio una buona idea, poiché avresti tanto da dire sull'argomento. Inoltre, qualsiasi sia il tuo hobby o passione, avrai sempre un prodotto da pubblicizzare.

Vedi, ad esempio, su eBay. Qualsiasi parola chiave tu indichi su questo sito di aste online, troverai sempre un prodotto in vendita, che potrai pubblicizzare per guadagnare con le provvigioni. Quindi la tua nuova attività online potrebbe essere un sito internet in cui descrivi un tuo hobby o interesse.

SEGRETO n. 38: illustra le tecniche dei tuoi hobby, lavori e interessi in un sito internet, e pubblicizza un prodotto attinente, per guadagnare con le provvigioni.

Tra i vantaggi di internet esiste quello dell'economicità. Difatti, per aprire un "negozio" in rete, ovvero un sito di commercio elettronico, non hai di certo bisogno dello stesso capitale che ti servirebbe per aprirne uno vero. Un dominio internet con spazio web costa poco più di 20 euro l'anno. Oppure puoi aprire gratuitamente un blog.

Il **blog**, termine che deriva da web-log, cioè "traccia su rete", non è altro che un diario, costituito da articoli, storie, informazioni. Si tratta, dunque, di uno spazio nel quale i lettori possono scrivere i loro commenti e lasciare messaggi all'autore. Sul web esistono diversi siti che, tramite pubblicazione guidata, consentono di creare automaticamente un blog gratis, anche senza che tu conosca il linguaggio html. Tra questi, il più famoso è: www.blogger.com.

Su questo sito, la creazione di un blog è semplicissima e totalmente guidata. Il blog è davvero una bella opportunità. In questo sito puoi scrivere tanti articoli relativi al tuo hobby o interesse e, come dicevo poco fa, pubblicizzare prodotti attinenti.

Anche se già possiedi un'attività offline ti consiglio di associarla a un **sito internet**. Questa cosa è indispensabile soprattutto nell'ambito dell'SMS marketing. Infatti, come hai visto in precedenza, per un SMS disponi di soli 160 caratteri, che ti devono servire principalmente per "motivare" l'utente all'acquisto. Non puoi sprecarli!

Inserisci le informazioni necessarie per consentire all'utente di localizzarti. Vediamo alcuni esempi in proposito: «STUDIO ROSSI - Viale Europa, 100 Roma - Tel. 06/12345.» In questo caso, come vedi, hai "speso" cinquantatre caratteri, che equivalgono a un terzo dei caratteri disponibili, solo per farti localizzare.

Invece l'aggiunta di un sito internet, nel caso dell'esempio: www.StudioRossi.it., ti consentirà un'enorme "risparmio" di testo. In questo caso, infatti, avrai "speso" solo diciotto caratteri per far sì che i potenziali clienti ti individuino; e il risultato è molto efficace.

SEGRETO n. 39: realizza un sito internet della tua attività per ottimizzare i caratteri del messaggio pubblicitario.

Una regola fondamentale da adottare nell'ambito della propria attività, sia essa online sia offline, consiste nello **specializzarsi in quel determinato ramo**. Quindi, se hai intenzione di condividere il tuo hobby e le tue passioni in un sito o in un blog, per trarne maggiori benefici e profitti, dovrai **focalizzarti** su un determinato argomento: «Mantenere il Focus è una scelta di Brand molto forte. Ma è vincente sul lungo termine. Specializzarsi in una nicchia è una scelta vincente: ti faresti operare al cuore da un chirurgo specializzato in operazioni al cuore o preferiresti il tuo medico generico? Specializzarsi richiede anche sacrifici e richiede di tagliare ogni estensione di linea. Se vuoi diventare "l'esperto di…", allora scegli la tua nicchia, quella nella quale hai già ottime competenze. Diventa sempre più forte, scrivi ebook su questo argomento e tutti li compreranno, perché tu sei l'esperto! Spiega strategie concrete e pratiche, distribuisci report gratuiti, creati un tuo blog dove parli solo di quell'argomento. Più la nicchia è "di nicchia" e più tu sei forte.»

Giacomo Bruno

Da queste parole di Giacomo Bruno, tratte da un suo articolo pubblicato nel suo blog, capisci l'importanza del **focus**. Questo argomento è stato trattato a lungo nel corso dell'evento del Club Autori Italiani e, a essere sincero, mi ha profondamente colpito. Pensa che la Bruno Editore, per restare focalizzata nel proprio brand, quello degli ebook, ha tagliato una grossa fetta dei propri prodotti: corsi, coaching, consulenze, servizi ecc.

Apparentemente stupisce questa scelta, poiché si trattava di servizi che comunque avevano fruttato e fruttavano ancora molto, ma in realtà ha consolidato il marchio "Bruno Editore" come numero uno nel campo degli ebook, con enormi benefici. D'altronde è dimostrato che numerose aziende, alcune molto famose, allontanandosi dal proprio brand hanno ottenuto risultati negativi.

SEGRETO n. 40: focalizza la tua attività su una determinata nicchia e otterrai enormi vantaggi.

Dopo questa breve formazione riguardante la gestione delle attività, passiamo alla pubblicità. L'SMS marketing può offrire alla tua attività un vantaggio immenso, grazie al fatto che le migliori aziende fornitrici di questo servizio offrono un target davvero particolare ed efficientissimo: la **locazione geografica**, precisamente il **CAP**, ossia il codice di avviamento postale.

Poche campagne pubblicitarie rivolte a numerose persone offrono questo target di grande efficacia. Immagina di avere un negozio: potresti informare tutti gli abitanti della tua città della tua attività! Neanche il famoso "pay per click" potrebbe offrirti un target così definito come quello basato sul codice di avviamento postale.

Come hai ben capito, a differenza dei programmi di affiliazione in cui usavi i Tim Spot, a meno che tu non abbia un'azienda di "grossa portata" a livello nazionale, questa volta dovrai utilizzare il servizio di SMS marketing, che ti permette di inviare messaggi pubblicitari targhettizzati.

Visto che questa volta dovrai servirti di SMS pubblicitari targhettizzati, che costano di più rispetto a quelli inviati in modo casuale, ti consiglio di sfruttare tutti i criteri di target che offre il fornitore. Spesso questi criteri sono numerosi:

- sesso;
- età;
- professione;
- titolo di studio;
- sport praticati;
- altro.

Dovrai svolgere un'attenta analisi del prodotto o del servizio che vendi e capire a quale potenziale target di clientela è rivolto, in modo da inviare SMS pubblicitari a clienti già propensi all'acquisto. Mettiamo tu possieda un negozio di accessori sportivi per tennisti: in questo caso potresti scegliere come target di sport praticato quello del tennis, così ottenendo una potenziale clientela perfettamente targhettizzata.

SEGRETO n. 41: pubblicizza la tua attività con SMS targhettizzati, tenendo conto principalmente del CAP e di tutti gli altri target disponibili.

Ancora una volta, avrai a disposizione 160 caratteri, che dovrai sfruttare fino all'ultimo per pubblicizzare il tuo prodotto al potenziale cliente, ma soprattutto per motivarlo all'acquisto. Ti ricordo, inoltre, che il messaggio deve attirare molto e deve mostrare i vantaggi che offre il tuo prodotto.

Poi, seguendo la struttura dei minisiti di vendita della Bruno Editore, dovrai anche informare e rassicurare gli utenti che leggono il messaggio pubblicitario. Un ultimo consiglio, riguarda il fatto di non indicare mai il prezzo del prodotto o del servizio nel messaggio pubblicitario.

Anche questa volta potrai servirti degli annunci sponsorizzati di Google per ispirarti a degli ottimi messaggi vincenti. Ma, visto che probabilmente la tua attività non si baserà su prodotti digitali, che sono molto pubblicizzati su Google, ti suggerisco un altro metodo per visionare degli ottimi messaggi pubblicitari di prodotti offline. La soluzione è analoga a quella utilizzata con Google, ma stavolta dovrai servirti del noto sito di aste online: eBay.

La tecnica, come dicevo, è sempre la stessa. Puoi effettuare una ricerca su eBay indicando come parola chiave il prodotto che vendi oppure sceglierne uno tra le tante categorie che offre il sito:

- abbigliamento e accessori;
- arte e antiquariato;
- audio, TV, elettronica;
- auto;
- auto: ricambi e accessori;
- bellezza e salute;
- casa, arredamento e bricolage;
- case e appartamenti;
- collezionismo;
- commercio e industria;
- film e DVD;
- fotografia e video;
- francobolli;
- fumetti;
- giocattoli e modellismo;
- infanzia e premaman;
- informatica e palmari;

- libri e riviste;
- monete e banconote;
- moto, scooter e mini moto;
- moto: ricambi e accessori;
- musica, CD e vinili;
- nautica e imbarcazioni;
- orologi e gioielli;
- sport, nautica e viaggi;
- strumenti musicali;
- telefonia e cellulari;
- videogiochi e console;
- vini e gastronomia.

Sono sicuro che il prodotto che vendi rientra in una di queste tante categorie. Dopo la ricerca troverai migliaia di prodotti in vendita sullo stesso sito. A questo punto non dovrai fare altro che aprire le pagine dei siti di vendita e ispirarti al messaggio che ti "attira" di più.

Ti do un suggerimento. Apri le pagine relative ai venditori

professionisti, i “power seller”. Essendo professionisti, sicuramente avranno minisiti di vendita studiati al massimo per indurre l’utente all’acquisto.

SEGRETO n. 42: scrivi messaggi vincenti, ispirandoti a quelli delle pagine di vendita su eBay dei “power seller”.

Ad esempio, prendendo una categoria a caso, ho trovato in pochi minuti, tra tanti siti, un messaggio che mi ha colpito molto, appartenente alla categoria “auto”: «Auto a chilometri zero, ma a prezzi di usato.» Come ti spiegavo in precedenza, avere un sito internet è molto importante. È sinonimo di professionalità e inoltre ti permette di risparmiare caratteri per indicare l’ubicazione geografica del tuo punto vendita.

Se però la tua attività è in una piccola città, ti consiglio di indicare l’indirizzo, in modo che il potenziale cliente non dovrà tornare a casa a consultare il sito internet per sapere dove si trova il punto vendita. Infatti non dimenticare che ti stai servendo di un marketing di prossimità: ovvero, i tuoi potenziali clienti sono vicini alla sede della tua attività.

A questo proposito, un'ottima frase da inserire in questo tipo di messaggi pubblicitari è la stessa che usano i cartelloni che portano ai centri commerciali o che conducono ad altre grosse attività: «Sei nella giusta direzione!» Oltre a essere un'idea molto simpatica è anche un sistema efficace per invogliare il cliente a venire da te. Infatti presuppone che gli utenti che leggono il messaggio siano molto vicini.

Tornando al messaggio precedente, potresti modificarlo in questo modo: «Auto a chilometri zero, ma a prezzi di usato? Sei nella giusta direzione! Concessionaria Rossi. Viale Europa 100 – Roma.»

SEGRETO n. 43: nelle campagne di marketing di prossimità indica anche l'indirizzo della sede della tua attività.

Un altro servizio fondamentale che ti ho descritto nelle pagine precedenti, e che viene offerto dalla Leader Mobile, è la **linea SMS**. Come ti spiegavo, la linea SMS/MMS permette l'invio di SMS e MMS per diffondere comunicazioni pubblicitarie e

d'informazione, a una banca dati di utenti fornita **direttamente dall'azienda cliente**. In questo caso l'azienda cliente sei tu.
Questo servizio è importante per **fidelizzare** i tuoi clienti, ovvero per mantenere quelli già acquisiti. Ti consiglio di raccogliere i loro numeri di cellulare, che dovrai inserire, via internet, nella piattaforma della società. In questo modo potrai comunicare loro offerte, promozioni, sconti ecc.

È un po' ciò che accade nelle newsletter dei siti internet. Ti tengono sempre informato sulle offerte e sui nuovi prodotti. Spesso, con un "sol colpo", inviando messaggi pubblicitari ai loro clienti, riescono a realizzare numerosissime vendite!

SEGRETO n. 44: fidelizza i tuoi clienti con messaggi pubblicitari relativi a promozioni, offerte, sconti e saldi.

Finora abbiamo parlato di messaggi testuali, ma non devi dimenticare gli MMS ad alto impatto! Il sistema già lo conosci, così come le tecniche per realizzarli. Puoi **trasformare i tuoi stessi messaggi testuali in MMS grafici**. Per avere un maggiore impatto, quand'è possibile, ti consiglio di sostituire il testo con le immagini, proprio come avviene in questo MMS di esempio presente nel sito della Leader Mobile.

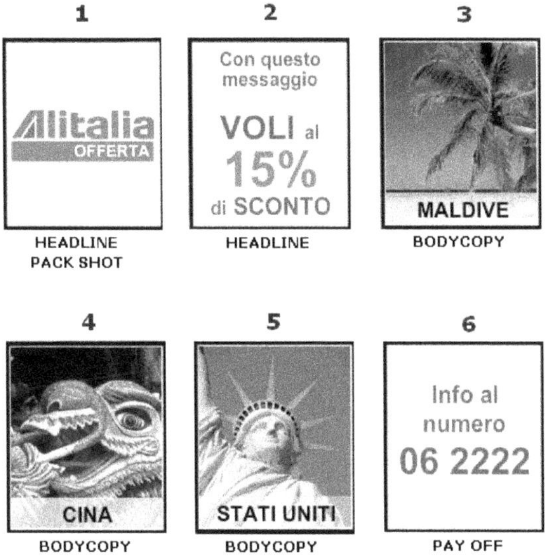

Come vedi, i nomi “Maldive”, “Cina” e “Stati Uniti” sono stati sostituiti con immagini rappresentative. In tal modo si offre un maggiore impatto visivo all’utente e si stimola la sua attenzione.

Come ti dicevo in precedenza, se, da un lato, gli MMS presentano un maggiore impatto e quindi vengono notati di più dall’utente, dall’altro hanno prezzi più elevati rispetto agli SMS: costano circa il doppio. La soluzione ideale consiste nell'adottare il servizio di SMS marketing, con messaggi targhettizzati, e la linea SMS per i messaggi testuali in modo che, a parità di prezzo, potrai inviarne il doppio rispetto agli MMS. Per quanto riguarda gli MMS, dato l'elevato costo rispetto agli SMS, ti consiglio di inviarli gratuitamente tramite il servizio di bluetooth marketing di cui parleremo approfonditamente nel prossimo capitolo.

SEGRETO n. 45: sfrutta il servizio di SMS targhettizzati per i messaggi testuali e il bluetooth marketing per gli MMS.

Non dimenticare di rendere "internazionale" la tua attività! Se il tuo punto vendita si trova in una città turistica, punta assolutamente sul target "straniero"! Ti do due ottime ragioni per farlo: la prima è che, nelle città turistiche, nei periodi di grande affluenza, la percentuale di stranieri è estremamente superiore a quella di italiani: quindi avresti a disposizione un maggior numero di potenziali clienti. La seconda ragione è che il turista spende molto più del residente del posto: spesso lo facciamo anche noi quando siamo in vacanza!

Ricorda, però, che per puntare al target dei turisti puoi servirti solo del bluetooth marketing. Infatti il bluetooth è uno standard internazionale, quindi sarà sicuramente supportato dai cellulari degli stranieri. Non puoi servirti di fornitori di SMS pubblicitari esteri, poiché il loro database contiene gli utenti presenti all'estero, non quelli che si trovano in Italia. Ricorda, inoltre, che per scrivere semplicemente messaggi pubblicitari in inglese puoi servirti del traduttore di Google.

SEGRETO n. 46: trasmetti messaggi in lingua inglese in città turistiche con il marketing di prossimità, utilizzando il bluetooth.

Un ultimo discorso, per completare la pubblicità della tua attività tramite SMS marketing, riguarda i **giorni e gli orari ideali** per pubblicizzare i tuoi prodotti o servizi. Te ne ho già parlato, ma le fasce orarie indicate nelle pagine precedenti non sono appropriate in questo caso. Stavolta dovrai basarti sulla tua attività. Prima ti dicevo che sarebbe assurdo inviare un SMS pubblicitario di notte, ma se possiedi un locale notturno o una discoteca potrebbe essere l'ideale pubblicizzarlo di sera! Oppure, mettiamo tu abbia un negozio: sarebbe completamente errato far partire una campagna di SMS pubblicitari di domenica, poiché, in genere, in quel giorno i negozi sono chiusi.

Dovrai far coincidere l'invio di SMS pubblicitari con giorni e orari di apertura della tua attività e con i momenti liberi dei potenziali clienti. Per quanto riguarda i negozi, il giorno ideale è il sabato. Infatti coincide sia con un giorno che per la maggior parte dei lavoratori è libero, sia con l'apertura dei negozi.

SEGRETO n. 47: trasmetti SMS pubblicitari nei giorni e orari di apertura della tua attività e nei momenti liberi dei tuoi potenziali clienti.

RIEPILOGO DEL GIORNO 6:

- SEGRETO n. 38: illustra le tecniche dei tuoi hobby, lavori e interessi in un sito internet, e pubblicizza un prodotto attinente, per guadagnare con le provvigioni.
- SEGRETO n. 39: realizza un sito internet della tua attività per ottimizzare i caratteri del messaggio pubblicitario.
- SEGRETO n. 40: focalizza la tua attività su una determinata nicchia e otterrai enormi vantaggi.
- SEGRETO n. 41: pubblicizza la tua attività con SMS targhettizzati, tenendo conto principalmente del CAP e di tutti gli altri target disponibili.
- SEGRETO n. 42: scrivi messaggi vincenti, ispirandoti a quelli delle pagine di vendita su eBay dei "power seller".
- SEGRETO n. 43: nelle campagne di marketing di prossimità indica anche l'indirizzo della sede della tua attività.
- SEGRETO n. 44: fidelizza i tuoi clienti con messaggi pubblicitari relativi a promozioni, offerti, sconti e saldi.
- SEGRETO n. 45: sfrutta il servizio di SMS targhettizzati per i messaggi testuali e il bluetooth marketing per gli MMS.
- SEGRETO n. 46: trasmetti messaggi in lingua inglese in città turistiche con il marketing di prossimità, utilizzando il

bluetooth.

- SEGRETO n. 47: trasmetti SMS pubblicitari nei giorni e orari di apertura della tua attività e nei momenti liberi dei tuoi potenziali clienti.

GIORNO 7:

I segreti del bluetooth marketing

Siamo giunti quasi al termine di questo ebook, che ti ha permesso di scoprire un nuovo modo di fare marketing. Se hai già messo in pratica le strategie pubblicitarie di questa guida, ti sarai accorto di quanto sia efficace il servizio di SMS marketing. A questo punto, voglio darti una bella notizia!

Ti do la possibilità di usufruire dei servizi di SMS e MMS marketing in modo gratuito e senza limiti. Come? Sfruttando il **bluetooth marketing**. Il bluetooth marketing o marketing di prossimità è un servizio eccezionale, che consente di inviare SMS o MMS a tutte le persone che hanno attivo il bluetooth e che sono in vicinanza di un dispositivo trasmittente. Partiamo prima da un po' di formazione. Cos'è il bluetooth?

In pratica, il bluetooth è un sistema di comunicazione a onde radio, quindi senza fili, utilizzato per trasmettere dati: messaggi, foto, video, musica ecc. entro una distanza di 300 metri. Quando un dispositivo riceve un file da un altro, viene avvertito tramite un messaggio e l'utente può scegliere di riceverlo o rifiutarlo.

Probabilmente non era necessaria questa breve formazione poiché avrai già utilizzato questo sistema; magari per scambiare foto con il cellulare o suonerie con i tuoi amici.

SEGRETO n. 48: il bluetooth marketing permette di inviare gratuitamente SMS e MMS pubblicitari.

Essendo un marketing di prossimità, la diffusione di messaggi testuali o grafici dovrà essere fatta nell'ambito di spazi estremamente affollati, affinché la tua pubblicità sia diffusa **a quante più persone è possibile**. Ecco una lista dei luoghi nei quali vi è maggiore concentrazione di persone:

- aeroporti;
- aree di servizio;
- banche;

- centri commerciali;
- centri sportivi;
- cinema;
- comuni;
- concerti;
- discopub e discoteche;
- fermate trasporti pubblici;
- hotel;
- luoghi pubblici;
- manifestazioni;
- metropolitane;
- monumenti;
- musei;
- navi;
- negozi;
- pub;
- ristoranti;
- spiagge;
- stadi;
- stazioni;

- teatri;
- treni.

Immagina di lanciare la tua campagna pubblicitaria a un concerto o in uno stadio, luoghi in cui vi è una concentrazione di persone anche nella misura di quattro unità per metro quadro: avresti una campagna pubblicitaria gratuita diffusa a centinaia di persone.

Facciamo un po' di calcoli, secondo alcune statistiche da me elaborate. Un dispositivo bluetooth può trasmettere messaggi in un raggio di 100-300 metri, secondo la potenza dell'interfaccia utilizzata.

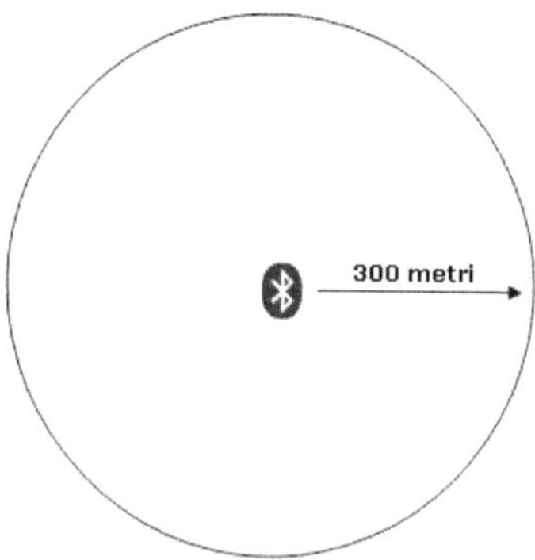

Calcolando l'area soggetta alla ricezione dei messaggi, potresti coprire la seguente superficie:

62.800 metri quadri	con un trasmettitore fino a 100 metri
565.200 metri quadri	con un trasmettitore fino a 300 metri

In un luogo a elevata concentrazione di persone, mediamente quattro per ogni metro quadro, avresti potenzialmente questa quantità di utenti:

251.000 persone	con un trasmettitore fino a 100 metri
2.260.800 persone	con un trasmettitore fino a 300 metri

Fino a qualche anno fa, secondo una mia statistica, il 10 per cento delle persone che avevano un cellulare avevano anche il bluetooth attivo. Attualmente questa percentuale è raddoppiata: è giunta almeno al 20 per cento, e tende a crescere ancora. Questo è dovuto alla presenza sul mercato di un maggior numero di cellulari di nuova generazione e di palmari, all'attivazione e all'uso, sempre più frequente, del bluetooth come auricolare senza filo, alle antenne GPS ecc.

Quindi, secondo i dati precedenti, e stimando che ad avere il bluetooth sia il 20 per cento di coloro che hanno un cellulare, essi riceverebbero messaggi in questa misura:

50.200 persone	con un trasmettitore sino a 100 metri
452.160 persone	con un trasmettitore sino a 300 metri

Secondo un'altra mia stima, il 30-40 per cento delle persone che hanno il bluetooth attivo accettano di ricevere un messaggio perché sanno che è gratis. Quindi, con una media del 35 per cento, la quantità di persone che potrebbe leggere il tuo messaggio pubblicitario sarebbe la seguente:

17.570 persone	con un trasmettitore sino a 100 metri
158.256 persone	con un trasmettitore sino a 300 metri

Mettiamo ora che tu abbia pubblicizzato un prodotto digitale a cui sei affiliato, come un ebook. Sicuramente avrai indicato un tuo sito internet e, secondo una mia statistica, di tutti gli utenti che hanno letto il tuo messaggio, mediamente l'1 per cento potrebbe visitarlo. Quindi il numero di utenti che potrebbero visitare il tuo sito sarebbe pari a:

175 utenti	con un trasmettitore sino a 100 metri
1582 utenti	con un trasmettitore sino a 300 metri

Se intendi pubblicizzare gli ebook della Bruno Editore, come ti spiegavo in precedenza, quelli ad "alta conversione" presentano percentuali di conversioni anche del 3 per cento, vale a dire che tre persone su 100 comprano. Pertanto, secondo i dati precedenti, potresti realizzare le seguenti vendite:

5 vendite	con un trasmettitore sino a 100 metri
47 vendite	con un trasmettitore sino a 300 metri

In poche parole, con un investimento pari a zero euro potresti guadagnare provvigioni di oltre 200 euro in un solo giorno. Naturalmente sono calcoli approssimativi e statistici, devi tener conto di tanti altri fattori. Innanzitutto, ho dato per scontato che il 100 per cento delle persone presenti nell'area coperta dal dispositivo avesse un cellulare e che, per giunta, l'apparecchio fosse acceso.

Comunque dovrei esser vicino alla realtà: di questi tempi, se non ha il cellulare il 100 per cento delle persone, di sicuro ce l'ha l'80 per cento! Però, dall'altro lato, nelle pagine successive, vedrai come aumentare quel famoso 20 per cento di persone che hanno attivo il bluetooth fino ad almeno il doppio.

Un'altra cosa da tenere in considerazione riguarda la durata della trasmissione dei messaggi. Infatti il dispositivo trasmittente non riesce a inviare all'istante 400.000 messaggi, poiché presenta dei tempi di trasmissione. In ogni caso, resta il fatto che sono davvero tanti gli utenti che potrebbero conoscere il tuo prodotto in vendita senza che tu abbia speso un solo euro in pubblicità.

SEGRETO n. 49: avvia campagne di bluetooth marketing in luoghi ad alta concentrazione di persone.

Naturalmente, per aumentare le vendite, dovrai scegliere il prodotto o il servizio giusto da sponsorizzare, in relazione al luogo in cui lancerai la tua campagna pubblicitaria. Con tutti i programmi di affiliazione che ti ho descritto nelle pagine precedenti, troverai sempre un prodotto adatto al luogo.

Ad esempio, mettiamo tu intenda avviare una campagna bluetooth marketing all'interno di un aeroporto: potresti pubblicizzare le offerte del programma di affiliazione della "AirFrance" in Tradedoubler. Oppure potresti avviare una campagna pubblicitaria con il marketing di prossimità all'interno di grossi centri di articoli sportivi, pubblicizzando prodotti della "Tecnosport", il cui programma di affiliazione è presente sempre in Tradedoubler. Inoltre, ti ricordo che con eBay puoi pubblicizzare praticamente qualsiasi prodotto. Quindi troverai sempre una soluzione, qualsiasi luogo tu scelga.

Vediamo ora come "attrezzarci" per realizzare una campagna di marketing di prossimità con il bluetooth. Il dispositivo che consente il bluetooth marketing è offerto anche dalla Leader Mobile; però, personalmente, ho trovato anche altre soluzioni più convenienti. La prima che ti propongo consiste nello sfruttare il tuo stesso PC, possibilmente portatile, utilizzando dei software che consentono il bluetooth marketing. Innanzitutto il PC deve essere munito di dispositivo di bluetooth. Nei moderni personal computer portatili questo sistema dovrebbe essere già integrato, altrimenti dovrai acquistare un adattatore USB-Bluetooth, che costa meno di 10 euro.

Una volta installata la chiavetta, oltre ai suoi driver, che probabilmente ti saranno consegnati in un CD insieme al dispositivo, dovrai scaricare un software per gestire le connessioni bluetooth tra il PC e il mondo esterno. Tra i migliori nel campo, il BlueSoleil. Questo software è offerto in licenza shareware e lo puoi scaricare dal sito ufficiale oppure da quest'altro link: download.html.it/software/vedi/3862/bluesoleil.

L'installazione di questo software è molto semplice. Inizialmente dovrai lanciare il file di installazione denominato "Bluesoleil". Dovrai poi accettare le condizioni di utilizzo del programma per proseguire e, al termine dell'installazione, dovrai riavviare il PC. Fatto ciò, potrai occuparti del software che ti consentirà il servizio di bluetooth marketing. In rete esistono davvero molti software di questo genere. Ne ho provati tanti, ma i risultati migliori li ho avuti con Fexmax.

Fexmax è un software che consente pubblicità via bluetooth. Con Fexmax è possibile inviare messaggi di testo, immagini e messaggi multimediali su tecnologia bluetooth per cellulari e dispositivi palmari. È assolutamente legale al 100 per cento. Infatti, quando viene inviato un messaggio, il destinatario può decidere di approvare la trasmissione o di respingerla.

Fexmax è un software a pagamento, ma recupererai l'investimento in pochissimo tempo. Inoltre puoi, prima dell'acquisto, scaricare la versione gratuita di prova che funziona per pochi minuti dall'attivazione. Per scaricare questa versione di prova, dovrai cliccare il link "Download Free Trial" presente nella home page:

Download Free Trial

A questo punto si aprirà una finestra: clicca sul link "scarica Fexmax".

Scarica Fexmax

Il download ti restituirà direttamente il file eseguibile di installazione che dovrai lanciare. L'installazione è molto

semplice: il programma ti chiederà di scegliere la lingua che preferisci e di accettare le condizioni di utilizzo.

La finestra del programma si presenterà così:

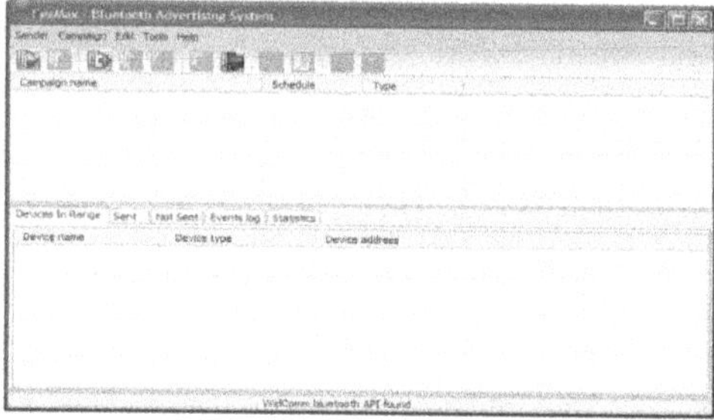

Per avviare una nuova campagna pubblicitaria, dovrai andare nel menù "campaign" e scegliere l'opzione "add". A questo punto si aprirà una nuova finestra in cui dovrai inserire tre informazioni:

- campaign name;
- campaign schedule;
- campaign type.

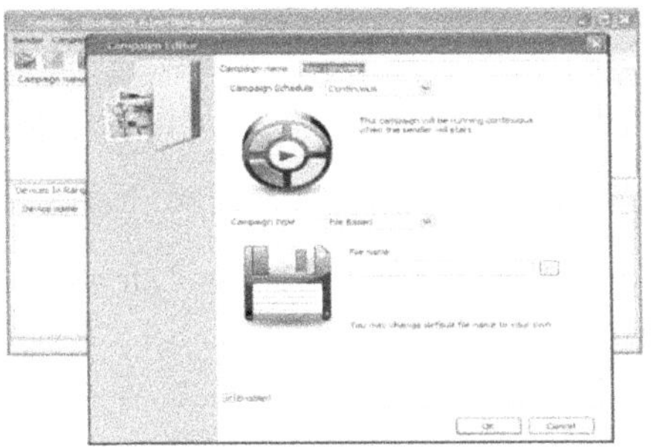

In “campaign name” dovrai indicare il nome della nuova campagna pubblicitaria per distinguerla, eventualmente, dalle altre. In “campaign schedule” dovrai specificare quando dovrà partire l’invio dei messaggi pubblicitari. Puoi scegliere tra le seguenti opzioni: “continuous” per un invio continuo, “time based” con cui potrai indicare la data e l’ora di inizio e fine campagna e “day of week based” per decidere in quali giorni della settimana far partire la tua campagna pubblicitaria.

Infine, in “campaign type” dovrai impostare il tipo della campagna pubblicitaria. Dovrai cioè specificare se si tratta di una campagna di testo, text based, dove potrai digitare il tuo messaggio pubblicitario, oppure se si tratta di una campagna grafica, file based, dove potrai scegliere il file del tuo MMS pubblicitario.

Dopo aver impostato la tua campagna pubblicitaria, potrai farla partire cliccando l'opzione "start" presente nel menù "sender". In questo stesso menù esiste l'opzione "stop" per fermare la campagna pubblicitaria.

Nella parte inferiore dell'area di lavoro di Fexmax vi è una finestra che fornisce informazioni sull'invio dei messaggi della tua campagna:

- devices in range;
- sent;
- not sent;
- events log;
- statistics.

In "devices in range" appariranno tutti i dispositivi che hanno il bluetooth attivo e che sono presenti nell'area di copertura del trasmettitore. In "sent" troverai i dispositivi a cui è stato inviato il messaggio e in "not sent" troverai quelli che non l'hanno ricevuto, probabilmente per rifiuto.

La scheda "events log" è un registro di tutti gli eventi avvenuti durante la campagna pubblicitaria. Infine in "statistics" puoi visualizzare tutti gli eventi avvenuti in un range di tempo da te impostato.

Se non disponi di un PC portatile, oppure se vuoi sfruttare la comodità di un dispositivo che gestisca completamente il servizio di bluetooth marketing, ti consiglio di acquistare il BlueMoz, che è molto efficace e presenta un prezzo assai conveniente.

BlueMoz è un fenomenale strumento di comunicazione che sfrutta le caratteristiche di prossimità e di immediatezza della tecnologia bluetooth al servizio del marketing.

Il funzionamento dei prodotti BlueMoz, basati su tecnologia bluetooth, è molto semplice: il sistema rileva tutti i dispositivi bluetooth nel raggio d'azione del segnale, circa 100 metri, e invia una richiesta di messaggio direttamente sul display del dispositivo. L'utente può quindi decidere, in completa autonomia, se accettare o meno il messaggio informativo, senza costi aggiuntivi sfruttando la tecnologia bluetooth.

Il BlueMoz prevede l'invio di uno spot per ogni singolo device rilevato. Un successivo invio scatterà con il caricamento di un nuovo file e, comunque, sempre nella giornata susseguente al primo invio. Questo ti permette di rendere la tua campagna di bluetooth marketing meno invasiva possibile. Un potenziale utente che si trovi a transitare più volte in una zona coperta dal sistema BlueMoz riceve al massimo un messaggio giornaliero, sempre che questo sia diverso dal precedente. Anche sfruttando questo dispositivo è possibile inviare sia messaggi di testo, sia immagini in formato JPG o GIF, anche animate.

L'ultimo dispositivo per la gestione del bluetooth marketing che ti consiglio è Mobitouch CUBE.

Mobitouch CUBE è un prodotto pensato per soddisfare tutte le esigenze di marketing di prossimità ed è particolarmente indicato per la gestione di grandi superfici come centri commerciali, cinema multisala, aeroporti e stazioni. Il sistema è composto da una parte hardware e da una parte software. L'interfaccia di gestione, pur essendo estremamente semplice da utilizzare, permette di controllare ogni dettaglio delle campagne di proximity marketing in corso.

Attraverso un database continuamente aggiornato, che conta oggi oltre 2000 telefoni profilati, il sistema è in grado di identificare marca e modello del cellulare con cui sta comunicando per inviare i contenuti più adatti alle sue caratteristiche. Tutto ciò che accade nella propria rete è monitorabile in tempo reale e analizzabile, grazie ai tool più avanzati per l'analisi delle statistiche.

Inoltre, Mobitouch CUBE è in grado di gestire campagne Push e Pull, in cui sono gli utenti a richiedere i contenuti, attraverso un'interfaccia applicativa rilasciata in modalità open source.

SEGRETO n. 50: "Fexmax", "BlueMoz" e "Mobitouch" sono i migliori sistemi per fare bluetooth marketing.

Nelle pagine precedenti ti parlavo di come aumentare quel famoso 20 per cento, percentuale che indica il numero di utenti che, mediamente, hanno il bluetooth attivo sul proprio cellulare. Questo sistema, che ti illustrerò, è molto semplice ed è anche utile per incitare le persone ad accendere il cellulare, oltre che a far attivare il bluetooth.

Mettiamo che tu installi un dispositivo bluetooth nella sede della tua attività: negozio, pub, fiera, ristorante, stand ecc. Puoi incitare le persone ad attivare il bluetooth **affiggendo un cartello** e spiegando che, facendolo, possono ricevere regali.

Attiva il Bluetooth
sul tuo cellulare...

C'è un regalo per te!

SEGRETO n. 51: incita le persone ad attivare il bluetooth offrendo loro regali, tramite un cartello.

Naturalmente non dovrai ingannare le persone, dovrai davvero offrir loro un omaggio. Potresti, ad esempio, offrire un piccolo sconto se mostrano alla cassa il messaggio ricevuto. Se intendi utilizzare il servizio di bluetooth marketing abbinato ai programmi di affiliazione, avrai maggiori possibilità di successo, specie se utilizzi quello della Bruno Editore.

Infatti, grazie a questo straordinario programma di affiliazione, puoi pubblicizzare le guide gratuite presenti sul sito della Bruno Editore. Sono delle ottime guide. Mi hanno aiutato moltissimo nella mia formazione: sono state un punto di partenza. Le puoi offrire come regalo con un messaggio originale.

Naturalmente ti chiederai cosa ci guadagni. È semplicissimo. Le guide sono, in genere, tratte dagli ebook completi. Le puoi sfruttare per pubblicizzare i prodotti della Bruno Editore. Per farlo, puoi sfruttare il tuo codice di affiliazione. Grazie all'elevata qualità delle guide, ci saranno ottime possibilità che l'utente decida di acquistare l'ebook completo e tu guadagnerai una provvigione sulla vendita.

SEGRETO n. 52: sul sito della Bruno Editore puoi trovare ottime guide gratuite, da pubblicizzare con un messaggio.

La diffusione di queste guide è consentita **solo** per promuovere gli stessi prodotti della Bruno Editore. Pertanto non è possibile allegare pubblicità di altri prodotti relativi ad altri programmi di affiliazione che non appartengano allo stesso autore.

RIEPILOGO DEL GIORNO 7:

- SEGRETO n. 48: il bluetooth marketing permette di inviare gratuitamente SMS e MMS pubblicitari.
- SEGRETO n. 49: avvia campagne di bluetooth marketing in luoghi ad alta concentrazione di persone.
- SEGRETO n. 50: “Fexmax”, “BlueMoz” e “Mobitouch” sono i migliori sistemi per fare bluetooth marketing.
- SEGRETO n. 51: incita le persone ad attivare il bluetooth offrendo loro regali, tramite un cartello.
- SEGRETO n. 52: sul sito della Bruno Editore puoi trovare ottime guide gratuite, da pubblicizzare con un messaggio.

GIORNO 8:
Diventare un fornitore di SMS pubblicitari

Dopo tante pagine di formazione, ne saprai sicuramente abbastanza di SMS. Hai visto, e probabilmente conoscevi, il servizio base offerto dagli operatori telefonici. Hai imparato come fare marketing con questa straordinaria forma di comunicazione e sei venuto a conoscenza di alcune aziende fornitrici di SMS pubblicitari. A questo punto, voglio farti soffermare sull'ultima parte: le aziende fornitrici di SMS pubblicitari.

Come ti spiegavo all'inizio della guida, il business dell'SMS marketing coinvolge e consente enormi vantaggi e profitti per tutti: per il cliente che lo utilizza per pubblicizzare la propria attività e che, di conseguenza, incrementa le vendite, e per il fornitore che guadagna offrendo il servizio. Finora hai visto questo business dal "lato cliente"; perché non approfondirlo diventando il "fornitore"?

Non farti spaventare da questa idea, apparentemente di “grossa portata”. Se vuoi pensare a qualcosa di “grosso”, allora si tratta dei guadagni che otterrai. **Diventare un fornitore di SMS pubblicitari** è alla portata di tutti e non occorre assolutamente avere a disposizione grossi capitali da investire. Con le strategie che ti mostrerò in seguito, scoprirai che l’investimento finanziario per avviare questa “originalissima” attività di successo sarà limitato al costo di un sito internet; ma in cambio dovrai metterci tanto impegno e soprattutto **pazienza**.

SEGRETO n. 53: fornire SMS pubblicitari è un ottimo business che richiede un investimento minimo.

Ho voluto evidenziare la parola “pazienza”, poiché essa è fondamentale in questo business. A differenza di tante altre attività, non è possibile svegliarsi la mattina e diventare immediatamente fornitore di SMS pubblicitari con la stessa rapidità con cui apriresti un negozio. Potresti disporre di un grandissimo capitale, ma comunque dovresti aspettare. Infatti ti mancherebbe la materia prima per avviare questa attività: il **database utenti**.

Non puoi certo inventarti i numeri di cellulare dei clienti a cui inviare SMS pubblicitari. Come ben sai, significherebbe fare spam: e lo spam è reato. L'ho detto in precedenza ma lo ripeto, affinché sia assolutamente chiaro: i tuoi potenziali utenti, che riceveranno gli SMS, dovranno aver esplicitamente acconsentito a ricevere messaggi pubblicitari.

Diventare fornitore di SMS pubblicitari

Vediamo brevemente come si svolge l'attività di fornitura di SMS pubblicitari. Il percorso per divenire fornitore di SMS pubblicitari si compone di tre fasi:

1ª fase: creazione database utenti;

2ª fase: fornitura servizio;

3ª fase: incremento e aggiornamento continuo degli utenti.

Quindi, la prima fase di questo business consisterà nel "riempire" il tuo database utenti. Dovrai creare un sito internet dove raccoglierai i dati degli utenti, tra cui il numero di cellulare. Naturalmente, dovrai assolutamente informare il cliente che, registrando i dati, acconsentirà a ricevere sul proprio cellulare SMS a scopi pubblicitari.

Anche la vera e propria fornitura del servizio di messaggi pubblicitari prevede l'esistenza di un sito internet che pubblicizzi la tua attività di SMS marketing. Quando riceverai le richieste dai tuoi clienti, potrai far partire, da questo sito, i messaggi pubblicitari.

Potrai farlo grazie ai siti che consentono di inviare SMS multipli, di cui abbiamo parlato nelle pagine precedenti, utilizzando come destinatari i dati degli utenti raccolti in precedenza. Naturalmente, dovrai continuare a incrementare e aggiornare il database degli utenti per garantire sempre un servizio di alta qualità.

Prima di proseguire nel dettaglio, rivediamo quali sono le caratteristiche che deve avere un'azienda di alta qualità che fornisce il servizio di SMS marketing. Abbiamo visto che i principali fattori da prendere in considerazione per riconoscere un'azienda fornitrice di SMS pubblicitari di qualità sono quattro: target, database utenti, clienti acquisiti e prezzo.

Per quanto riguarda il target hai visto che un buon fornitore dovrà garantirti almeno la scelta di questi tre criteri: età, sesso e localizzazione geografica. Pertanto, quando gestirai la prima e la terza delle suddette fasi, cioè la creazione del database e l'incremento e aggiornamento continuo degli utenti, dovrai necessariamente richiedere e "archiviare" questi tre parametri fondamentali, oltre che il numero del cellulare.

Dicevamo che una buona azienda di SMS marketing dovrebbe avere nel proprio database almeno un milione di utenti registrati e degli ottimi clienti acquisiti. Naturalmente, nei primi tempi non potrai garantire questi due parametri di qualità. Perciò potresti decidere di iniziare ad avviare l'attività vera e propria quando avrai raggiunto almeno 10.000 utenti registrati.

Probabilmente penserai che in questo modo, non fornendo un servizio di altissima qualità, i clienti potrebbero scegliere un altro fornitore di SMS pubblicitari. Quindi, per ovviare a questo inconveniente, potrai in cambio **offrire prezzi più competitivi**. Potrai stabilire i costi del tuo servizio prendendo spunto dalla tabella dei prezzi indicata in precedenza, magari togliendo circa 10 centesimi:

SMS acquistati	Prezzo Medio	Tuo Prezzo
500	0,35-0,40	0,25
1000	0,30-0,35	0,20
2000	0,20-0,25	0,10

Anche se, in questo caso, i tuoi prezzi sono estremamente ridotti, i tuoi guadagni sarebbero comunque elevati, poiché il costo dell'invio di un singolo messaggio da un sito fornitore di SMS multipli si aggira intorno ai 0,045 euro cadauno. Vediamo un esempio di un'ipotetica campagna pubblicitaria:

Quantità SMS acquistati: 1000
Costo singolo SMS targhettizzato (offerto da te): € 0,20
Spesa singolo SMS: € 0,045
Guadagno singolo SMS: € 0,155
Guadagno totale su 1000 SMS: € 155

Come vedi, anche offrendo dei prezzi molto economici, con una singola campagna pubblicitaria venduta guadagneresti intorno ai 155 euro.

Un'altra strategia per indurre i clienti a scegliere il tuo servizio consiste nel vendere **pacchetti con quantità ridotte di SMS**. Infatti la maggior parte dei fornitori offre il servizio con pacchetti di SMS pari minimo a 500; altri forniscono il servizio con quantità minime ancora più elevate.

Questo comporta un investimento piuttosto elevato, soprattutto per piccolissime ditte individuali che intendono provare il servizio. Quindi tu saresti uno dei pochi, se non il solo, a offrire pacchetti con quantità davvero basse di SMS pubblicitari: ad esempio 200.

SEGRETO n. 54: per avviare questo nuovo business offri prezzi competitivi e pacchetti con quantità ridotte di SMS marketing.

Dopo questa breve formazione teorica, dovremo passare alla parte "tecnica" necessaria per la creazione vera e propria del database utenti. Innanzitutto, come ti spiegavo nelle prime pagine di questo capitolo, puoi iniziare questa attività anche partendo da zero. Tuttavia sarebbe meglio avere già a portata di mano un po' di utenti! Esistono tre possibilità:

- possiedi un sito con una mailing list;
- possiedi un sito senza mailing list;
- non possiedi né un sito né una mailing list.

Se rientri nel primo caso, sei avvantaggiato, poiché già possiedi un sito internet e una mailing list, cioè una lista di utenti di cui conosci l'indirizzo email. In questo caso non dovrai fare altro che integrare, se non li possiedi ancora, i quattro parametri fondamentali per esercitare la fornitura di SMS pubblicitari: cellulare, sesso, anno di nascita e città.

Se con il tuo sito già gestisci l'archiviazione e la gestione dei dati, per te non sarà difficile integrare questi quattro parametri; ma dovrai sempre ricordare di informare gli utenti che, indicando il proprio cellulare, acconsentiranno a ricevere SMS per scopi pubblicitari, altrimenti incorreresti nel reato di spam.

Se rientri negli altri due casi, cioè possiedi un sito senza mailing list o non disponi di nessuno dei due, dovrai costruire da zero la parte tecnica. Anche se non sai come gestire pagine web dinamiche, ovvero siti che organizzano automaticamente l'archiviazione dei dati, non c'è problema: ti spiegherò come fare in poche pagine.

Naturalmente non mi soffermerò troppo su questo aspetto poiché non è un argomento attinente a questo ebook, ma comunque ti fornirò gratuitamente tutti gli strumenti per gestire completamente la fornitura di messaggi pubblicitari. Se intendi approfondire l'argomento per programmare e sviluppare i siti web ti consiglio di leggere il mio precedente ebook *Web Developer*.

Come dicevamo, nel caso tu possieda un sito senza mailing list o non disponga né di un sito né di una mailing list, dovrai cominciare da zero. Vediamo come fare. Innanzitutto preoccupiamoci della creazione del database. La **creazione del database utenti** prevede due fasi:

- raccolta dei dati;
- registrazione.

Per raccogliere dati dalle pagine web, si utilizzano delle mascherine denominate "form". Sono sicuro che le avrai viste e compilate migliaia di volte. Ecco, a scopo di esempio, la pagina di registrazione del sito eBay.

eBay Classico

Registrati su eBay

Registrati subito per fare offerte, acquisti o vendite su eBay. È semplice e gratuito.

Sei già registrato o vuoi modificare le informazioni sul tuo account? Accedi subito
Vuoi registrare un account business?

Informazioni personali - Tutti i campi sono obbligatori

Nome
Cognome (per le donne, cognome da nubile)
Indirizzo
Città
Provincia di residenza: Seleziona la tua provincia
CAP
Paese o regione: Italia

Esistono due sistemi per creare pagine web. Il primo metodo, quello più semplice, consiste nell'utilizzare un programma con cui puoi costruire le pagine web lavorando sugli oggetti. Con Microsoft FrontPage è semplicissimo, puoi realizzare una pagina web come se stessi lavorando con Word: inserisci immagini, le sposti e le dimensioni con il mouse, inserisci il testo, scegli il carattere, il colore ecc.

Il secondo metodo per realizzare le pagine web consiste nell'utilizzare un editor testuale. In pratica, puoi realizzare le pagine web con il blocco note di Windows, inserire le istruzioni html, denominate "TAG" e, al termine, salvare il file con l'estensione "htm" oppure "html".

Ti consiglio vivamente il secondo metodo, poiché in queste pagine ti fornirò gratuitamente il codice già pronto per raccogliere e registrare i dati necessari per avviare il tuo servizio di fornitura di SMS pubblicitari. E poi potresti rifinire la parte estetica del sito con il FrontPage.

Per quanto riguarda il form, in teoria ti servirebbero solo il cellulare dell'utente e i tre parametri fondamentali relativi al target, ovvero il sesso, l'anno di nascita e la città. Ma richiedere solo questi dati, oltre a essere antiestetico, risulta anche poco professionale. Pertanto ti consiglio di chiedere i dati completi dell'utente, tra cui: cognome, nome, indirizzo ecc. e magari archiviare solo quelli che ti interessano: cellulare, anno di nascita, sesso e città.

Ecco il codice del form che richiederà i dati dell'utente e che potrai copiare e salvare su un file di testo, denominandolo, ad esempio, "registrazione.htm":

```
<form method="post" action="registra.php">
<table border="0">
<tr>
<td align="left">Cognome</td>
<td align="left"><input type="text" name="cognome"
maxlength="30" size="35"></td>
</tr>
<tr>
<td align="left">Nome</td>
<td align="left"><input type="text" name="nome"
maxlength="30" size="35"></td>
</tr>
<tr>
<td align="left">Sesso</td>
<td align="left">
<select name="sesso">
<option value="M" selected="selected">M</option>
```

```
<option value="F">F</option>
</select>
</td>
</tr>
<tr>
<td align="left">Data di Nascita</td>
<td align="left">
<input type="text" name="giorno" maxlength="2" size="3">
<input type="text" name="mese" maxlength="2" size="3">
<input type="text" name="anno" maxlength="4" size="6">
</td>
</tr>
<tr>
<td align="left">Indirizzo / num. civ.</td>
<td align="left"><input type="text" name="indirizzo" maxlength="40" size="45"></td>
</tr>
<tr>
<td align="left">CAP / Città / Prov.</td>
<td align="left">
<input type="text" name="cap" maxlength="5" size="6">
```

```
<input type="text" name="citta" maxlength="40" size="45">
<input type="text" name="provincia" maxlength="2" size="3">
</td>
</tr>
<tr>
<td align="left">Email</td>
<td align="left"><input type="text" name="email"
maxlength="40" size="45"></td>
</tr>
<tr>
<td align="left">Cellulare</td>
<td align="left"><input type="text" name="cellulare"
maxlength="10" size="15"></td>
</tr>
</table>
<br>
<input type="submit" value="Registra">
</form>
```

Anche se può sembrarti complesso, le istruzioni per gestire completamente questo form saranno tre o quattro al massimo.

Esse, infatti, vengono ripetute per ogni informazione da richiedere all'utente. Ecco il risultato del precedente codice allegato:

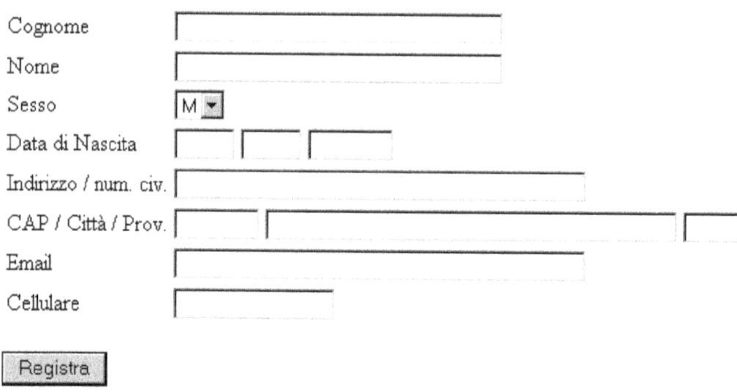

Quando l'utente avrà inserito i dati e avrà premuto il tasto "registra", il form invierà tutte queste informazioni in un'altra pagina web denominata "registra.php". Questa pagina, il cui codice ti riporterò in seguito, consentirà la memorizzazione vera e propria dei dati:

```
<?
$file = fopen('numeri.txt','a');
fwrite($file,$cellulare." ; ".$anno." ; ".$sesso." ; ".$citta);
fclose($file);
```

```
print "Grazie per esserti registrato";
?>
```

Da notare che questa pagina, a differenza di quella precedente, non è del tipo “htm” ma “php”, dove in genere vengono indicate istruzioni di programmazione. Quindi dovrai assicurarti che il provider, su cui hai registrato il tuo sito, supporti il linguaggio PHP ed, eventualmente, richiedere questo servizio.

Tornando al codice precedente, la sua funzione sarà quella di registrare i dati indicati dall’utente in un file di testo denominato “numeri.txt”, nel quale saranno incluse solo le informazioni che ti saranno utili, ovvero: cellulare, anno di nascita, sesso e città.

Con queste due paginette web: “registrazione.htm” e “registra.php”, avrai già a disposizione un sistema completo per creare il tuo database utenti. Potrai integrare il codice del form in una pagina del tuo sito web o utilizzarlo in una pagina completamente nuova per la raccolta dei dati.

SEGRETO n. 55: raccogli i dati degli utenti con una pagina

web che richieda il numero del cellulare e i dati di target.

Per trasferire questi file nel tuo sito web non dovrai fare altro che ripetere le operazioni che hai visto nelle pagine precedenti e che abbiamo effettuato con il software FileZilla. Dopo aver registrato qualche utente di prova, potrai già vedere che il file “numeri.txt”, generato dallo script che ti ho indicato in precedenza, raccoglierà le informazioni che ti serviranno. Per poter vedere il contenuto di questo file, che si trova nel sito web, dovrai fare un’operazione di trasferimento inversa, cioè dal sito al tuo PC, sempre utilizzando il software FileZilla:

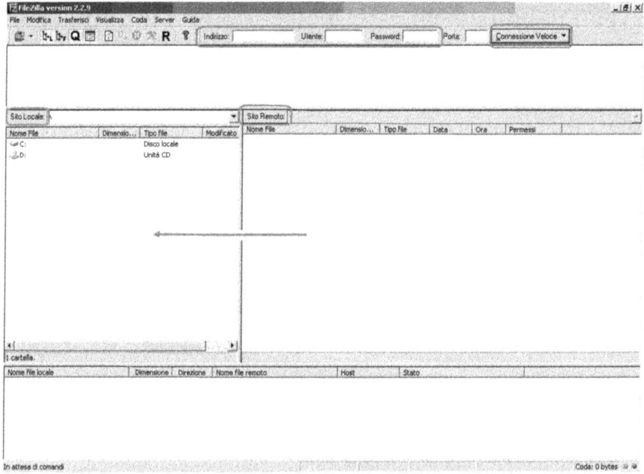

Una volta trasferito il file sul tuo PC, potrai aprirlo utilizzando il blocco note di Windows:

```
3331234500 ; 1970 ; F ; Napoli
3331234501 ; 1967 ; M ; Milano
3331234502 ; 1968 ; F ; Napoli
3331234503 ; 1987 ; M ; Roma
3331234504 ; 1970 ; F ; Napoli
3331234505 ; 1981 ; F ; Milano
3331234506 ; 1967 ; F ; Napoli
3331234507 ; 1985 ; F ; Milano
3331234508 ; 1989 ; M ; Napoli
3331234509 ; 1971 ; M ; Roma
3331234510 ; 1967 ; F ; Roma
3331234511 ; 1978 ; F ; Napoli
3331234512 ; 1980 ; F ; Milano
3331234513 ; 1986 ; M ; Napoli
3331234514 ; 1981 ; M ; Roma
3331234515 ; 1972 ; F ; Napoli
3331234516 ; 1968 ; M ; Napoli
3331234517 ; 1982 ; M ; Roma
3331234518 ; 1967 ; F ; Milano
3331234519 ; 1972 ; F ; Napoli
3331234520 ; 1971 ; M ; Roma
```

Come puoi ben notare, in ogni riga sono presenti i dati di un singolo utente costituiti dalle varie informazioni: cellulare, anno di nascita, sesso e città, e sono separati dal punto e virgola. La separazione con questo simbolo l'ho impostata io all'interno di quel codice PHP che ti ho riportato in precedenza. Questo perché, per **selezionare i numeri di cellulare** per sesso, anno di nascita e città, secondo le esigenze della campagna pubblicitaria dei tuoi clienti, dovrai riportare questi dati in un foglio Excel.

In particolare, dovrai fare in modo che ogni colonna del foglio Excel contenga i vari parametri: cellulare, sesso, anno di nascita e città. Dividendo i vari campi del file di testo con il punto e virgola, l'Excel farà questa separazione nelle colonne in modo automatico.

Innanzitutto dovrai lanciare l'Excel. Partito il programma, dovrai aprire il file di testo "numeri.txt" selezionando l'opzione "apri" presente nel menù "file". Quando si aprirà la finestra per scegliere il file, dovrai prima selezionare nella voce "tipo di file" l'opzione "file di testo", altrimenti verranno visualizzati solo i file Excel.

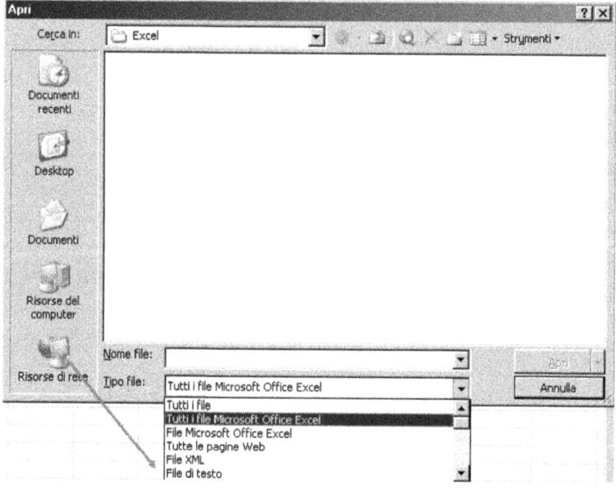

Dopo aver aperto il file, si aprirà una finestra che ti chiederà come adattare i dati nel file Excel tra due opzioni: "larghezza fissa" e "delimitati". Tu dovrai scegliere "delimitati" e proseguire cliccando su "avanti".

Poi il sistema ti chiederà di impostare il delimitatore, cioè il simbolo che indicherà di dividere le celle, e tu dovrai spuntare solo "punto e virgola" e premere di nuovo "avanti". A questo punto appariranno le quattro colonne relative ai vari campi: cellulare, sesso, anno di nascita e città.

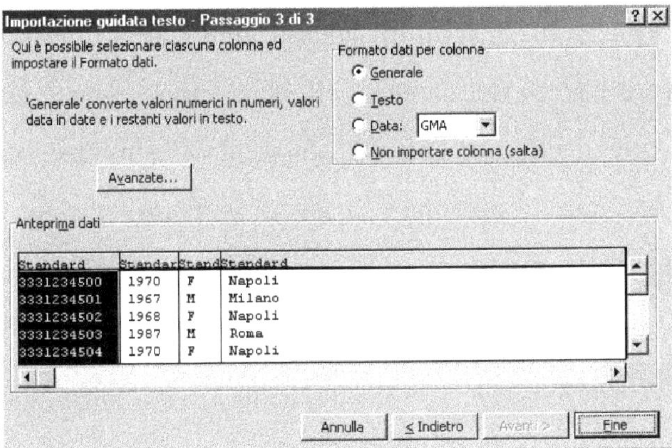

Tu dovrai cliccare quella del cellulare, selezionare in formato dati la voce "testo" e ripetere la stessa cosa per l'anno di nascita. Al termine potrai cliccare “fine” e vedere il lavoro completo.

Microsoft Excel - numeri

File Modifica Visualizza Inserisci Formato Strumenti Dati Fine

I13

	A	B	C	D	E	F
1	3331234500	1970	F	Napoli		
2	3331234501	1967	M	Milano		
3	3331234502	1968	F	Napoli		
4	3331234503	1987	M	Roma		
5	3331234504	1970	F	Napoli		
6	3331234505	1981	F	Milano		
7	3331234506	1967	F	Napoli		
8	3331234507	1985	F	Milano		
9	3331234508	1989	M	Napoli		
10	3331234509	1971	M	Roma		
11	3331234510	1967	F	Roma		
12	3331234511	1978	F	Napoli		
13	3331234512	1980	F	Milano		
14	3331234513	1986	M	Napoli		
15	3331234514	1981	M	Roma		
16	3331234515	1972	F	Napoli		
17	3331234516	1968	M	Napoli		
18	3331234517	1982	M	Roma		
19	3331234518	1967	F	Milano		
20	3331234519	1972	F	Napoli		
21	3331234520	1971	M	Roma		
22						

A questo punto ti consiglio di inserire una nuova riga in alto, in cui scrivere i nomi dei campi: cellulare, anno, sesso e città. Per fare ciò dovrai cliccare con il tasto destro del mouse sulla riga “1” e scegliere l’opzione “inserisci”. Fatto questo, dovrai impostare nella nuova riga i nomi dei campi. Infine dovrai scegliere la seguente serie di opzioni dal menù: dati → filtro → filtro automatico.

In questo modo, per ciascun campo, apparirà una freccetta in basso che, se cliccata, ti permetterà di “filtrare” o, meglio, di far apparire solo determinate voci dei dati. Ad esempio, mettiamo che un cliente richieda una campagna pubblicitaria limitata agli utenti maschi di Roma. Tu dovrai selezionare la voce “M” dopo aver premuto la freccetta in basso su “sesso” e la voce “Roma” dopo aver scelto la suddetta voce sul campo “città”.

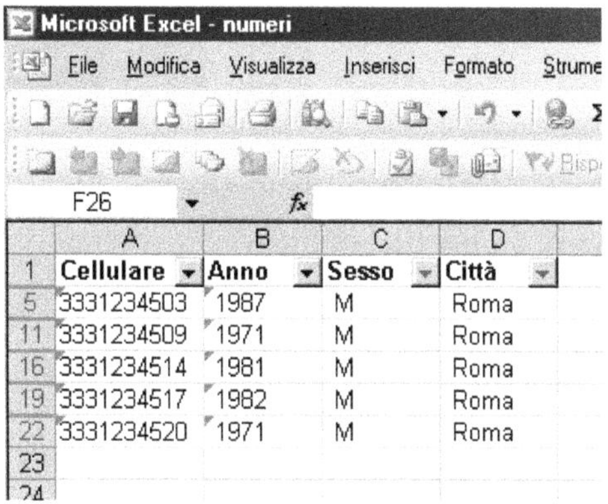

Come vedi, appariranno solo i dati che rispecchiano quelle richieste. A questo punto potrai selezionare i numeri di telefono dei dati filtrati, tenendo premuto il tasto sinistro del mouse per tutta l’area dei numeri. Dopodiché dovrai premere il tasto Ctrl+C (copia) e, infine, aprire un file di testo con il blocco note, incollare su questo i dati (Ctrl+V) e salvare il file.

Fatto ciò, avrai ottenuto un file di testo con i numeri di telefono che rispecchiano il target richiesto dal cliente. Dovrai salvare questi dati in un file di testo, poiché i principali siti che consentono di inviare SMS multipli, tra cui quello di Aruba, che hai visto in precedenza, leggono la lista dei contatti proprio da un file di testo.

SEGRETO n. 56: per selezionare i numeri di cellulare secondo il target richiesto, utilizza un foglio Excel e, al termine, esportali in un file di testo.

Come vedi, il "motore" della tua attività di fornitura di SMS pubblicitari è semplicissimo. C'è un form per la raccolta dati e uno script PHP che raccoglie in un file di testo tutti i dati che dovrai esportare in un file Excel per "filtrare" il target richiesto dal cliente. Successivamente, dovrai copiare i dati "filtrati" in un file di testo che allegherai nel sito del fornitore di SMS multipli per realizzare la vera e propria campagna pubblicitaria.

Naturalmente, affinché gli utenti si registrino sul tuo sito e acconsentano a ricevere SMS pubblicitari, dovrai in qualche modo invogliarli. Il modo più semplice per invogliare l'utente è **regalargli qualcosa**. Sono tante le cose che puoi offrire agli utenti gratuitamente: informazioni meteo, oroscopo, eventi in città, programmi tv ecc. Magari, proprio come avviene per i servizi pubblicizzati nei mass media, potresti invitare l'utente a fornire il proprio numero di cellulare per ricevere SMS informativi gratuiti. Un altro servizio che potresti regalare è il link a una tua guida gratuita pubblicata sul web.

SEGRETO n. 57: incita gli utenti a registrarsi e a fornire il proprio numero di cellulare offrendo informazioni o guide online.

Se, dopo la registrazione, intendi fornire informazioni via SMS, potresti ogni giorno inviare messaggi a tutti gli utenti registrati in quella giornata. Naturalmente andresti a pagare il costo dell'invio dell'SMS. Anziché inviare all'utente un SMS, potresti fornire, dopo la registrazione, il link nella stessa pagina web, in modo da non pagare il messaggio. Basta realizzare una semplice modifica allo script PHP precedente:

```
<?
$file = fopen('numeri.txt','a');
```

```
fwrite($file,$cellulare." ; ".$anno." ; ".$sesso." ; ".$citta);
fclose($file);
print "Grazie per esserti registrato<br>";
print "Ecco il link della tua guida: www.miosito.it";
?>
```

Come vedi, ho aggiunto un'altra riga, la penultima, dove al posto di "www.miosito.it" potresti indicare il link della tua guida online. Come ti spiegavo, così facendo andresti a risparmiare il costo dell'SMS, ma correresti il rischio che l'utente possa inserire volutamente un numero sbagliato, solo per ricevere gratuitamente la guida.

Per equilibrare entrambe le cose, cioè per avere numeri corretti e risparmio economico, ti consiglio di far apparire il link della tua guida con un SMS e "ammortizzare" il suo costo aggiungendo un tuo piccolo messaggio pubblicitario. Potresti, ad esempio, allegare il link del prodotto che pubblicizzi all'interno di un programma di affiliazione. Se invece non vuoi rendere il messaggio invasivo con la pubblicità, potresti allegare il link di una guida che, al termine, pubblicizza il prodotto in questione.

Finora hai visto come raccogliere in modo completo i dati per creare il tuo database utenti; ma potresti semplificare ulteriormente questa fase. Puoi richiedere semplicemente all'utente il solo numero di cellulare, in modo da offrire un servizio di SMS marketing inviato a un'utenza randomica, come avveniva con i Tim Spot.

In questo modo non dovresti necessariamente creare una pagina web nel tuo sito che raccolga tutti i dati, ma potresti inserire in una parte del tuo sito un piccolo form, costituito da un solo campo, in cui l'utente dovrà indicare il proprio cellulare.

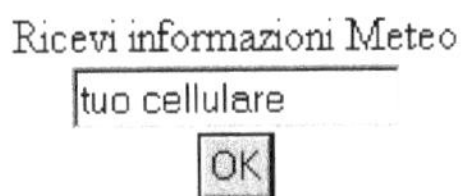

Il codice di questo semplicissimo form è il seguente:

```
<form method="post" action="registra.php">
Ricevi una guida in omaggio<br>
<input type="text" name="cellulare" value="tuo cellulare"
```

```
maxlength="10" size="15"><br>
<input type="submit" value="OK">
</form>
```

Mentre lo script PHP che archivierà i numeri nel file di testo è il seguente:

```
<?
$file = fopen('numeri.txt','a');
fwrite($file,$cellulare);
fclose($file);
print "Grazie per esserti registrato";
print "<br>";
print "<a href="www.miosito.it">Scarica il tuo ebook</a>";
?>
```

A parte la variazione del codice, il procedimento è analogo al precedente, anzi è ancora più semplice, poiché non avrai bisogno di "filtrare" i dati con Excel. Ti sconsiglio, però, di scegliere in maniera casuale i numeri degli utenti: così facendo, rischieresti di inviare messaggi pubblicitari sempre alle stesse persone. Potresti procedere, invece, a una selezione ragionata. Ad esempio, nel caso di campagne pubblicitarie con pacchetti di 1000 SMS, potresti servirti, per una prima campagna, dei primi 1000 utenti, per la campagna successiva dei secondi mille e così via.

Finora hai visto come gestire in modo completo la 1ª e 3ª fase per avviare la tua attività di fornitura di SMS pubblicitari, e cioè: creazione database e incremento e aggiornamento continuo degli utenti. Ora dovrai occuparti della 2ª fase, ovvero la **fornitura del servizio**.

Questa fase è ancora più semplice di quella precedente. Dovrai, come sempre, disporre di un sito internet in cui pubblicizzerai questo tuo servizio. Illustrerai il servizio di SMS marketing, il target che il cliente può scegliere, il costo del servizio ecc. Potresti realizzare il tutto in una semplice paginetta web, in cui dovrai descrivere le informazioni di cui abbiamo detto in precedenza e magari, come avviene nei siti professionali, indicare un indirizzo email per farti contattare e richiedere il servizio.

Per la gestione del pagamento, potresti includere nel tuo sito il servizio offerto da PayPal. Come hai visto nelle pagine precedenti, questo sito è fortemente utilizzato nell'e-commerce, perché consente di effettuare o ricevere pagamenti con carte di credito Visa e MasterCard e con carte prepagate dei circuiti Visa Electron. Inoltre la registrazione è gratuita e paghi solo una percentuale sui guadagni.

Una volta ricevuto il pagamento, potrai richiedere via email al cliente le informazioni per lanciare la campagna di SMS marketing: testo del messaggio, target, data e ora di partenza e quantità di messaggi. Dopodiché selezionerai, tramite il foglio Excel, il target richiesto e prenderai la quantità scelta dal cliente. I siti fornitori di SMS multipli sono semplicissimi, ti richiedono il testo del messaggio e il file di testo contenente l'elenco dei contatti. Inserite queste due informazioni, potrai lanciare l'invio dei messaggi e il gioco è fatto!

SEGRETO n. 58: sfrutta i siti web di invio SMS multipli per realizzare la tua campagna pubblicitaria.

Per quanto riguarda la data e l'ora di invio dei messaggi, i siti fornitori di SMS multipli consentono anche di abilitare l'invio programmato dei messaggi secondo l'orario da te scelto.

RIEPILOGO DEL GIORNO 8:

- SEGRETO n. 53: fornire SMS pubblicitari è un ottimo business che richiede un investimento minimo.
- SEGRETO n. 54: per avviare questo nuovo business offri prezzi competitivi e pacchetti con quantità ridotte di SMS marketing.
- SEGRETO n. 55: raccogli i dati degli utenti con una pagina web che richieda il numero del cellulare e i dati di target.
- SEGRETO n. 56: per selezionare i numeri di cellulare secondo il target richiesto, utilizza un foglio Excel e, al termine, esportali in un file di testo.
- SEGRETO n. 57: incita gli utenti a registrarsi e a fornire il proprio numero di cellulare offrendo informazioni o guide online.
- SEGRETO n. 58: sfrutta i siti web di invio SMS multipli per realizzare la tua campagna pubblicitaria.

Casi di studio

Per dimostrarti l'efficacia del servizio di SMS marketing, voglio riportarti alcuni esempi di campagne pubblicitarie che ho seguito personalmente. Ti illustrerò quella di un amico commercialista, poiché ho avuto modo di realizzare una campagna pubblicitaria completa per la sua attività, gestendola dalla A alla Z. Questa si basava su:

- SMS marketing: per l'acquisizione di nuovi clienti;
- SMS multipli: per la promozione di nuovi servizi e le comunicazioni di lavoro;
- bluetooth marketing: per l'acquisizione di nuovi clienti nella sua area di lavoro.

Per la prima strategia, cioè quella degli SMS marketing, mi sono servito di messaggi targhettizzati al massimo per la sua attività. Infatti ho utilizzato come criterio di selezione il CAP della città in cui gestisce la sua attività di commercialista e come target lavorativo ho scelto le attività che più necessitano di consulenza fiscale: imprenditori e liberi professionisti. Ecco il testo del messaggio. Naturalmente ho indicato dati anagrafici fittizi: «Studio Rossi - Consulenza Fiscale completa a partire da 59 euro al mese - viale Europa,100 Roma www.StudioRossi.it – Passa con noi e risparmi almeno 1000 euro l'anno!»

Innanzitutto il mio amico ha effettuato un'accurata indagine di mercato, poiché sapevamo che gli utenti mirati alla campagna pubblicitaria, essendo liberi professionisti, avevano già un proprio commercialista. Quindi bisognava in qualche modo incitare gli utenti a cambiare consulente fiscale. In città i costi della consulenza fiscale erano piuttosto elevati, alcuni anche sui 150 euro al mese. Con i prezzi offerti dal mio amico si otteneva un risparmio di circa 1000 euro l'anno. E abbiamo fatto leva proprio su quel notevole risparmio economico.

Come vedi, con 159 caratteri ho sintetizzato un messaggio completo. Ho motivato il cliente e ho indicato l'indirizzo completo, per far capire agli utenti che il servizio era offerto nella propria città, altrimenti avrebbero rinunciato a priori.

Con questa semplice campagna pubblicitaria, e con un misero investimento di 300 euro che comprendeva 1000 messaggi targhettizzati al 100 per cento, il mio amico si è assicurato sei clienti, persone che dichiaravano di essere venute a conoscenza del servizio con SMS pubblicitari, il che vale a dire 354 euro al mese, potenzialmente a vita! Ti posso assicurare che, attualmente, non esiste alcuna campagna pubblicitaria così mirata e di così forte impatto. Abbiamo puntato direttamente ai potenziali clienti: gli imprenditori della sua città.

La seconda strategia utilizzata per la campagna pubblicitaria riguardava l'uso di SMS multipli e ha avuto un duplice scopo. Innanzitutto gliel'ho consigliata per promuovere un suo servizio, che già in passato gli avevo pubblicizzato con un'altra strategia di marketing: i finanziamenti a fondo perduto. Praticamente si tratta dell'avvio di una serie di pratiche per ottenere contributi dallo Stato per avviare una nuova attività, una parte dei quali l'imprenditore non deve mai più restituire. Già l'argomento di per sé fa gola!

Con un sito fornitore di SMS multipli, abbiamo inviato circa 200 messaggi a soli 9 euro in modo da informare i suoi clienti. Ecco il messaggio pubblicitario che ho utilizzato: «Lo Studio Rossi ti informa che puoi ottenere finanziamenti immediati a FONDO PERDUTO per la tua nuova attività. Vieni da noi per una VALUTAZIONE GRATUITA.»

Le voci corrono… spesso grazie anche agli SMS! Infatti, grazie a quest'altra campagna pubblicitaria, diversi clienti ci hanno richiesto la pratica per il finanziamento a fondo perduto e, di questi, alcuni erano nuovi. Quindi il mio amico ha guadagnato anche offrendo loro consulenza fiscale.

Inoltre, abbiamo utilizzato gli SMS multipli anche per comunicazioni di lavoro. Il mio amico mi spiegò che era sempre un problema comunicare a tutti i suoi clienti i giorni in cui dovevano ritirare pratiche, bollettini da pagare ecc. Siccome si trattava di informazioni molto importanti, in genere scadenze, il mio amico commercialista non poteva informare i clienti via email. In questo modo, infatti, poteva correre il rischio che l'informazione fosse letta in ritardo. L'SMS, invece, ha un impatto immediato, poiché il cellulare, nella maggior parte dei casi, è acceso e, di norma, "accompagna" il proprietario durante l'intera giornata. E, ancora una volta, l'invio di SMS multipli è stato di notevole aiuto al mio amico, facendogli risparmiare il tempo che avrebbe impiegato per fare 200 telefonate. Il tempo è denaro: in un modo o nell'altro ha ottenuto un guadagno economico!

L'ultima strategia usata è stata quella del bluetooth marketing. Per fortuna il suo studio è in un luogo di passaggio, quindi gli ho consigliato di tener acceso continuamente il suo PC con il software Fexmax in esecuzione. Inoltre, in qualche occasione, quattro-cinque volte l'anno, ha utilizzato il dispositivo BlueMoz nella sua città e in quelle vicine, durante alcuni eventi cittadini. Il messaggio pubblicitario era pressappoco uguale a quello utilizzato nella precedente campagna di SMS marketing.

In un anno è riuscito ad acquisire circa quindici clienti, i quali gli hanno detto di esser venuti a conoscenza del servizio attraverso messaggi pubblicitari tramite bluetooth. Tutto questo senza spendere un soldo perché, come hai visto, il bluetooth marketing è totalmente gratuito.

L'ultima campagna pubblicitaria che ti illustrerò è quella che ho effettuato personalmente, abbinando l'SMS marketing con il programma di affiliazione di eBay. Questa volta mi sono servito dei Tim Spot, ovvero dei messaggi inviati a un'utenza randomica. Infatti, come ti spiegavo nelle pagine precedenti, con i programmi di affiliazione che ti ho illustrato troverai prodotti a elevato target.

Per questi, quindi, non conviene utilizzare SMS targhettizzati, che presentano un costo superiore, bensì quelli a invio casuale, in modo da avere, con lo stesso investimento, più messaggi a disposizione. Naturalmente ho testato la campagna con diversi prodotti in vendita su eBay. Cercavo qualcosa che avesse un elevato target, che fosse utile a tutti: uomini e donne, ragazzi e adulti.

Un prodotto con cui ho avuto un ottimo ritorno economico è stato proprio il cellulare! Su eBay ho trovato ottimi cellulari all'asta, con prezzi a partire da 1 solo centesimo. Ti ricordo che il programma di affiliazione di eBay prevede un guadagno fino a 25 euro per ogni persona che porti sul sito, se diventerà un utente registrato attivo, e di 20 centesimi di euro per ogni offerta per un'asta online o per ogni acquisto in formato "compralo subito".

Ecco il messaggio che ho utilizzato per la mia campagna pubblicitaria: «Cellulari NOKIA N70 a partire da 1 centesimo! Ultimi 10 pezzi! Visita www.miosito.it/nokia.»

Ecco i dati della campagna pubblicitaria:

SMS inviati:	500
Costo singolo SMS:	€ 0,10
Costo totale investimento:	€ 50
Utenti nuovi registrati e attivi:	4 (guadagno: 4 x € 25 = € 100)
Offerte/Acquisti:	14 (14 x € 0,20 = € 2,8)

Come vedi, il ritorno è stato circa il doppio dell'investimento. Naturalmente questa è una delle tante campagne pubblicitarie in cui ho investito. Infatti, quando acquisti pacchetti di SMS che in genere sono di grandi quantità, ti consiglio di inviarli pochi per volta: in questo modo puoi testare l'efficacia della campagna pubblicitaria con diversi prodotti e messaggi.

Altri prodotti con cui ho avuto ottimi ritorni economici sono stati gli iPod, gli occhiali da sole, le scarpe di marca. Ti consiglio anche di visitare la pagina di eBay che indica le tendenze, i prodotti più curiosi e quelli più cercati sul sito.

Conclusione

Eccoci giunti al termine di questo straordinario percorso formativo. Le informazioni che hai trovato in questa guida elettronica ti hanno illustrato le tecniche e i segreti di questa nuova e potentissima strategia di marketing, attraverso i servizi SMS, MMS e bluetooth.

Ora tocca a te! Rileggi con cura l'intera guida e metti in pratica tutti i consigli illustrati, avendo cura di non escluderne nessuno. Questa guida fornisce le giuste strategie per avere successo in questo business. Se aggiungi impegno e determinazione avrai sicuramente degli ottimi risultati.

Inizia subito a iscriverti ai principali programmi di affiliazione sul web, cominciando da quelli che ti ho illustrato e ricercandone degli altri seguendo le regole descritte. Per ciascuno di questi programmi di affiliazione scegli e pubblicizza principalmente i prodotti ad alta conversione di vendite, per garantirti degli ottimi guadagni. Scegli con cura i migliori fornitori di SMS marketing con le regole che ti ho dettato, oppure acquista questi “servizi” dalle aziende di fiducia che ti ho indicato in questa guida.

Crea messaggi pubblicitari vincenti che, oltre ad attirare l’attenzione dell’utente, raggiungano anche il risultato di motivarlo, informarlo e rassicurarlo all’acquisto, avendo inoltre cura di far partire la tua campagna pubblicitaria nei giorni e nelle ore “appropriate”. Non dimenticare di realizzare i messaggi grafici MMS ad alto impatto con il cliente, seguendo le regole di grafica pubblicitaria che ti ho illustrato.

Se possiedi una tua attività, aumenta il tuo reddito con una campagna di SMS targhettizzati. Inoltre sfrutta il servizio di “linea SMS” per fidelizzare i tuoi clienti già acquisiti, con offerte, promozioni e sconti. Infine sfrutta lo straordinario servizio di bluetooth marketing nei luoghi ad alta concentrazione di persone per usufruire dei suddetti servizi a costo zero.

Buon lavoro!

Vincenzo Iavazzo

Azione

1. Iscriviti ai principali programmi di affiliazione;
2. Scegli prodotti ad alta conversione da pubblicizzare;
3. Realizza messaggi pubblicitari per ciascun prodotto affiliato o per la tua attività;
4. Crea, a partire dai messaggi testuali, degli MMS pubblicitari;
5. Avvia una campagna di SMS e MMS marketing attraverso i migliori fornitori di questo servizio;
6. Sfrutta il bluetooth marketing per pubblicizzare gratuitamente SMS e MMS;
7. Guadagna tanti soldi!

Consigliato

Se vuoi diventare un fornitore di messaggi pubblicitari all'avanguardia, ti consiglio di utilizzare il servizio di invio SMS multipli offerto da Skebby. Questo sito presenta un'elevata affidabilità, infatti, conta importanti partner come Focus e PA Digitale ed è stato il primo in Italia a lanciare il programma per l'invio di SMS gratis via internet dal telefonino.

Il funzionamento è semplicissimo. Innanzitutto dovrai registrarti al sito, cliccando il pulsante "Iscriviti e prova gratis". Il sito ti offre la possibilità di inviare 10 SMS gratis, con cui potrai prendere dimestichezza col servizio di messaggistica multipla. Effettuata la registrazione, sarai pronto a inviare SMS multipli. Ti basterà indicare il testo del messaggio, dopodiché potrai importare i numeri di cellulare dei tuoi utenti, dal file di testo che precedentemente avevi elaborato. Infine potrai eventualmente abilitare l'invio programmato del messaggio indicando la data e l'ora.

www.ingramcontent.com/pod-product-compliance
Ingram Content Group UK Ltd.
Pitfield, Milton Keynes, MK11 3LW, UK
UKHW022023190726
13853UKWH00005B/2076